As mentiras da nonna

Alberto Grandi

As mentiras da nonna

Como o marketing inventou a cozinha italiana

tradução
Alessandra Siedschlag

todavia

Para Sofía

Prefácio à edição brasileira: O fechamento do ciclo 9

Introdução 17
1. A cozinha italiana não tem nem cinquenta anos 37
2. Mentiras esculpidas em Carrara 86
3. O tomate de Pachino made in Israel 91
4. O azeite de oliva e a virgindade renovada 95
5. O verdadeiro Parmigiano Reggiano
   é feito em Wisconsin 103
6. Sua Majestade, o Marsala da Inglaterra 111
7. Presunto cru em forma de bumerangue 121
8. A verdade amarga sobre o Dolcetto 129
9. O panetone nasceu pagnotta 134
10. Africanos comedores de espaguete 140
11. A verdade ácida do balsâmico 145
12. Os verdadeiros *conquistadores* do
    chocolate de Modica 152
13. Que raça de porcos! 157
14. A cruzada típica da focaccia de Recco 162
15. Um queijo, dois queijos, mil queijos 167
16. E viva a Nutella! 176

Agradecimentos 189
Glossário da tipicidade 191
Referências bibliográficas 197

Prefácio à edição brasileira
O fechamento do ciclo

Não vou mentir: escrever o prefácio para a edição em português do meu livro representa, para mim, uma grande emoção e também um grande desafio. Em certo sentido, eu diria que, com a publicação no Brasil, meu livro volta para casa; o argumento central desta obra, mas em geral de toda a minha pesquisa sobre a evolução da cozinha italiana, é de que os milhões de emigrados entre o fim do século XIX e a metade do século XX tiveram um papel fundamental na construção da identidade gastronômica italiana; na verdade, não apenas na gastronômica. E como frequentemente me lembro, acabei me dando conta desse dado curioso quando descobri a história da minha família: pelo fato de ser mantuano, comecei a estudar a emigração mantuana para o Brasil.

Mântua é uma pequena província no coração da Planície Padana, que hoje, administrativamente, faz parte da Lombardia, mas que do ponto de vista socioeconômico é, para todos os efeitos, um território vêneto. Em consequência, a emigração mantuana, assim como a vêneta, dirigiu-se sobretudo para os dois principais destinos da América do Sul: Argentina e Brasil. Não preciso lembrar que o ex-treinador da seleção canarinho de futebol, Tite (Adenor Leonardo Bachi), tem origens mantuanas, assim como o excelente músico Toquinho (Antonio Pecci Filho). Espero que os leitores perdoem essa breve digressão pessoal, mas acredito que é justo lembrar que aquilo que vocês lerão neste livro tem, entre seus protagonistas, exatamente os italianos que emigraram para o Brasil. Quando o escrevi, em 2018, ainda não estava plenamente ciente desse fato, mas à medida que minha pesquisa progrediu, essa convicção foi ficando cada vez mais forte.

A história começa muito antes da grande onda migratória da Itália para a América do Sul; ao longo do século XIX, muitos italianos viram seus padrões de vida piorarem progressivamente. Todos os indicadores e todos os estudos, que costumam ter características locais, são unânimes ao indicar uma tendência: a dieta dos italianos estava piorando em termos quantitativos e qualitativos. Essa tendência podia ser mais acentuada em algumas regiões e menos em outras, podia sofrer acelerações repentinas ou desacelerações importantes, em algumas fases podiam até ser registradas recuperações momentâneas, mas a longo prazo a linha apontava, de toda forma, para baixo.

Em 1815 cada italiano consumia, em média, seis quilos de carne bovina por ano, dado claramente inferior ao de franceses, alemães, ingleses e americanos, que por volta de 1830 consumiam entre vinte e trinta quilos de carne. Mas o pior ainda estava por vir: em 1861, a quantidade de carne era de 4,5 quilos. Nem é preciso lembrar que esse dado revelava, na verdade, a desesperadora pobreza de grande parte dos italianos, visto que uma quantidade média tão baixa escondia enormes diferenças entre as várias classes sociais. Em seguida à Unificação, calculava-se que a imensa população camponesa (cerca de 70% do total) jamais consumia carne, e o mesmo valia para peixe, leite, queijo e gorduras em geral, com exceção parcial da gordura suína de menor qualidade. Em 1815, a dieta de um italiano girava em torno de 2700 calorias, o que já era pouco; em 1861, após a tão desejada Unificação, estávamos em 2600, uma queda que nem parece tão dramática, mas essa pequena perda no aporte calórico dos italianos na primeira metade do século XIX marca, na realidade, um fortíssimo aumento das desigualdades. Nos vinte anos compreendidos entre 1880 e 1900 assiste-se a um verdadeiro colapso. As calorias médias caem para 2100, e isso quer dizer que boa parte dos italianos está abaixo do nível de subsistência. Como mais um demonstrativo dessa brusca piora alimentar para as classes mais pobres, há a evidente queda no consumo de trigo, ao mesmo tempo que sobe o de milho; em outras palavras, os camponeses precisam renunciar até ao pouco de pão branco que sempre haviam comido, e substituí-lo pela mísera e infame polenta de milho. Nas regiões montanhosas, o milho era substituído, em parte, pela castanha, mas no fim a essência é a mesma, ainda que pelo menos as pessoas fossem poupadas da pelagra. Claro que nem se falava de carne, queijo e ovos. Em compensação, explode o consumo de vinho, um vinho substancialmente imbebível, mas que de qualquer forma era o único e bem-vindo aporte de vitaminas para a maior parte da população, inclusive crianças. Em suma, os italianos, que historicamente não eram abastados, nas últimas décadas do século XIX se nutriam cada vez mais de cereais, legumes, castanhas e vinho.

Essa piora nas condições de vida e portanto na alimentação dos italianos coincide com o que os historiadores econômicos chamam de primeira grande depressão, que vai aproximadamente de 1870 a 1900. Trinta anos, talvez um pouco menos, durante os quais os preços dos produtos agrícolas tendiam a cair, provocando demissões em massa e reduções de salário, repressões aos sindicatos e intensos movimentos migratórios do interior para a cidade. Isso valia, é óbvio, para aqueles países que já estavam no caminho da industrialização. Para um país como a Itália, onde a economia era ainda exclusivamente agrícola, a crise significou desemprego, revoltas camponesas e empobrecimento. Como consequência, para fugir da fome, a única solução foi a emigração.

Esse é certamente o primeiro ponto de virada na história da Itália, e para aquilo que a ela se refere na história da alimentação. Porque a partir desse momento iniciou-se um verdadeiro êxodo, que teve como destino antes de tudo os países europeus, e sucessivamente as nações da América do Sul (Brasil e Argentina) e, finalmente, a América do Norte. A quantidade de italianos que saíram e de italianos que depois de algum tempo voltaram era tão grande que torna a contabilidade complicadíssima. Entre 1870 e 1914, partiram entre 15 milhões e 20 milhões de italianos, com um percentual de retornos que oscila entre 30% e 50%. O fato é que, quando se inicia esse terrível carrossel feito de idas e vindas, de fome, frustração e raiva, a Itália — enquanto nação — existia havia menos de dez anos. Os analfabetos somavam 78%, aqueles que falavam italiano eram menos de 2,5% (e certamente entre estes não estava nenhum daqueles 20 milhões que emigraram). Então, os italianos que foram para a Argentina, para o Brasil ou para os Estados Unidos tinham em comum apenas o passaporte, porém não contavam com uma cultura, hábitos e muito menos tradições alimentares comuns, a não ser a pobreza dos ingredientes e a fome. Eles nem sequer conseguiam se comunicar entre si. Apesar disso, para o país que os acolhia, eles eram todos iguais. Eram obrigados a viver em bairros específicos (estamos falando de guetos), e tendiam sobretudo a desenvolver em grupo os trabalhos menos qualificados. Na época da Abolição no Brasil, por exemplo, foram os trabalhadores braçais vênetos que aceitaram as atividades agrícolas mais mal pagas.

No último lugar da escala social, aonde quer que fossem, sem uma língua e sem uma história que os pudessem agregar, os italianos sentiam a necessidade de ajudar uns aos outros, de se reconhecer e, então, de criar uma identidade para si mesmos. E essa identidade passou também (e sobretudo) pela comida. As outras nações que já haviam enfrentado consistentes fluxos migratórios para a América, como os irlandeses, não tinham essa exigência por dois motivos aparentemente opostos: porque já apresentavam uma identidade e eram mais facilmente assimilados pela cultura do país que os acolhia. Os italianos não tinham identidade, mas ao mesmo tempo eram radicalmente diferentes dos WASP* americanos, daqueles que falavam o castelhano rio-platense e dos portugueses do Brasil; eram diferentes pelo seu paupérrimo modo de vida e também por seu aspecto físico.

O desejo de Massimo d'Azeglio acerca da necessidade de "fazer italianos" encontrou sua primeira aplicação prática para além das fronteiras nacionais. Esse enorme movimento de um povo esfomeado teve grande repercussão do ponto de vista do modelo alimentar italiano, bem como profundos efeitos do ponto de vista estritamente econômico. E isso não significa que as duas dimensões, a alimentar e a econômica, não estejam ligadas. A emigração de milhões de homens e mulheres teve como consequência imediata a redução da pressão alimentar: havia menos bocas para dar de comer. Mas houve também um efeito indireto, porque aqueles milhões de emigrados mandavam suas poucas economias às famílias que haviam permanecido na Itália: as famosas "remessas". Essas remessas mantiveram em pé a economia italiana entre 1890 e 1915 e entre 1950 e 1970; portanto, centenas de milhares de famílias paupérrimas conseguiram ter recursos monetários que não teriam caso algum de seus membros (em geral o filho homem mais sadio e robusto) não tivesse partido para a Argentina, o Brasil ou Nova York. Então a emigração de milhões de italianos, em sua tragicidade, foi uma panaceia para a economia do país e para a vida daqueles que ali permaneceram. No início do século XX, a Itália

---

* Sigla, em inglês, para *white anglo-saxon protestant* [branco, anglo-saxão e protestante]. [Esta e as demais notas são da tradutora.]

presencia uma primeira fase de crescimento que os historiadores chamam de "decolagem industrial", e as remessas dos emigrados foram importantes também desse ponto de vista, porque mantiveram ativa a balança dos pagamentos: entrava ouro nas caixas do Estado e os bancos podiam financiar essa primeira industrialização. Não se tratou de um boom propriamente dito, como o que aconteceria cinquenta anos depois, mas os efeitos foram sem dúvida positivos.

Todos estão um pouco melhor; uns mais e outros menos, é claro. E então há os *'mericani*, ou seja, os emigrados que retornam; aqueles que, do outro lado do oceano, descobriram um mundo de coisas novas que gostariam de poder encontrar também na Itália. Entre essas coisas estão ingredientes como a carne, o molho de tomate, a pasta seca, o açúcar, os quais, para grande parte dos italianos, eram literalmente desconhecidos.

Aquelas comunidades de emigrados, em forte expansão e nada queridos no país que os hospedava, encontrariam na cozinha um dos elementos de coesão. Os verdadeiros protagonistas do renascimento gastronômico italiano, portanto, são os ítalo-americanos, mas também os próprios americanos. Isso não é novidade: diversos historiadores da alimentação já precisaram reconhecer, mesmo que com dor no coração, que grande parte da cozinha italiana nasceu do outro lado do oceano.

Isso porque acontece uma coisa que é fruto das condições particulares surgidas nas comunidades italianas na América. A cozinha dos italianos se torna a cozinha das coisas com que eles apenas sonhavam, e também a fusão de usos locais com algumas comidas típicas do país hospedeiro. Os italianos na Argentina e no Brasil, por exemplo, descobrem a carne; e nos Estados Unidos, os ovos, o leite e os queijos.

Assim, nasce a nova classe dos "americanos" que levam, para as cidades do sul e do norte da Itália, dinheiro, novos produtos e uma nova mentalidade, mesmo do ponto de vista dos costumes alimentares. Nem preciso dizer que a classe dirigente italiana não via com bons olhos essa queda dos costumes; a emigração era, sim, encorajada, mas que essa gente depois não sonhasse em subverter a ordem natural das coisas. O resultado foi uma cozinha nova, que está na base daquela que hoje chamamos cozinha italiana. Resumindo, como eu dizia no início, a cozinha italiana nasceu na América tanto quanto na Itália.

Portanto, para os italianos no mundo, a cozinha tornava-se elemento de distinção, de integração, de resgate e, a partir de certo momento, também de negócio. Este último aspecto, no entanto, começaria a se tornar relevante só depois da Primeira Guerra Mundial. Mas foi exatamente a forte presença de italianos na América que criou as bases para a futura lenda gastronômica do país. Certos pratos se tornaram italianos por antonomásia: não porque eram de fato italianos, e sim porque havia muito mais italianos pelo mundo do que gregos, espanhóis ou turcos, que tinham todo o direito de se gabar de tradições alimentares semelhantes. Sem a mítica pizza de São Paulo, a pizza de Nápoles não seria tão famosa ao redor do mundo.

Introdução

A tradição se inventa

Onde nasceu a cozinha italiana? "Na Itália", dirão rapidamente os meus queridos leitores. Não, pessoal, vocês erraram... Acima de tudo porque a Itália era apenas uma expressão geográfica até pouco tempo atrás, e se é certo que os habitantes do país que hoje chamamos de Itália começaram a se nutrir muito antes da Unificação de 17 de março de 1861, também é certo que aquilo que muitos hoje chamam de "cozinha italiana", mesmo que com toda a cautela, nasceu mais ou menos um século depois daquele fatídico 17 de março.

Sim, de acordo — vocês dirão também —, a cozinha italiana pode ter nascido um século depois da Unificação, mas ainda assim se trata de um fenômeno social, cultural e, por que não?, econômico que aconteceu na Itália. Aliás, até o caro Massimo d'Azeglio havia previsto que para sermos italianos ainda seria necessário algum tempo. Se ensinar a todos a mesma língua e fazer com que as mesmas leis fossem aceitas já era uma tarefa árdua, imagine como seria complicado convencer todos a comer mais ou menos os mesmos pratos, ainda que em suas várias declinações regionais. Mas as coisas não são assim; aliás, as coisas aconteceram exatamente da forma contrária. Os italianos começaram a falar, com muita dificuldade e muito lentamente, uma única língua (sobre o restante, é melhor deixar para lá...), mas à mesa se acostumaram cada vez mais a consumir alimentos diferenciados.

Isso mesmo, porque durante boa parte da nossa história, nós italianos nos dividimos simplesmente entre *terroni* e *polentoni*,* ambos pobres camponeses desesperadamente esfomeados, mas com os segundos sendo mais dependentes do milho para resolver o eterno problema de encher a barriga, com tudo aquilo que disso decorre. E, portanto, ao querer escrever uma história da cozinha regional italiana, nós nos encontraríamos na desconfortável condição de precisar admitir que na Itália, pelo menos entre o início do século XVIII e as primeiras décadas do século XX, só existiam duas cozinhas: a que se baseava na polenta e a que não se baseava na polenta. Exatamente como as duas expressões de Clint Eastwood, segundo Sergio Leone: a com chapéu e a sem chapéu.

Resumindo muito, a tese de fundo deste livro é a de que o mito da cozinha italiana nasceu nos anos 1970, há uns quarenta anos, mais ou menos. Quando o extraordinário crescimento econômico iniciado na metade dos anos 1950 começou a esmorecer, a Itália, compreendida como um país uno, passou a se questionar sobre o modelo de desenvolvimento baseado na grande indústria e pegou um caminho totalmente original no contexto dos países industrializados. O percurso que a Itália escolheu se caracterizava,

---

* Termos pejorativos para se referir aos habitantes do sul e do norte da Itália. Os italianos do Norte são chamados de *polentoni*, ou "comedores de polenta"; há dúvidas do porquê de os do Sul serem chamados de *terroni*. Enquanto alguns autores sustentam que é por causa das atividades agrícolas, outros afirmam que a palavra deriva dos frequentes terremotos que acometem a região. Vale dizer, porém, que hoje em dia *terrone* vem sendo usado pelos próprios italianos meridionais, com orgulho, para referirem a si mesmos.

substancialmente, pela valorização das pequenas empresas, das zonas industriais e do made in Italy, e, portanto, também das supostas excelências gastronômicas, como principais fatores de desenvolvimento, ao mesmo tempo que renunciava a uma política de relançamento da indústria baseada na pesquisa, em investimentos, na inovação de processo, nas novas fontes de energia etc.

No que se refere especificamente aos produtos típicos, na Itália, muito mais do que no resto da Europa, afirmou-se a absurda pretensão de se codificar a tradição por decreto, sem questionar se essa ânsia por conseguir uma certificação qualquer tem ou não alguma utilidade para a economia de um território. Os selos DOC, DOCG, DOP, IGP, IGT e PAT STG, as chamadas marcas de tutela, se tornaram as novas bandeiras por meio das quais se acredita dar uma identidade aos territórios.*

Há algum tempo, a senadora vitalícia Elena Cattaneo, farmacologista e bióloga de fama mundial, lamentou em uma entrevista o fato de a Itália não acreditar mais na ciência. Na minha opinião, há muito que a Itália não acredita mais no futuro; por isso os italianos inventaram, e ainda inventam, um passado de abundância e opulência, bem diferente do passado real em que — é bom lembrar disso — passavam fome. Nada de excelências enogastronômicas! Pois bem, esse é um dos pilares deste livro: demonstrar que a tradição pode ser inventada, que o passado pode ser manipulado como o presente quiser. Não é uma ideia original, que fique claro. O grande historiador inglês Eric Hobsbawm há mais de trinta anos escreveu, junto com outros autores, um livro que se chama *A invenção das tradições*. Essa coletânea de ensaios contém vários exemplos de tradições inventadas; a

---

* Ver "Glossário da tipicidade", na p. 191.

mais famosa é, sem dúvida, a do kilt escocês, que se afirmou definitivamente apenas na segunda metade do século XIX, com todo o respeito a Mel Gibson e a seu *Coração valente*.

Na "Introdução" do seu livro, Hobsbawm fornece a explicação de como e por que em algum momento uma sociedade inventa uma ou mais tradições. Sobre o "como" nós falaremos mais adiante, mas sobre o "porquê", parece-me que esta citação é bem eloquente: "Contudo, espera-se que ela ocorra com mais frequência: quando uma transformação rápida da sociedade debilita ou destrói os padrões sociais para os quais as 'velhas' tradições foram feitas, produzindo novos padrões com os quais essas tradições são incompatíveis".*
É isso, eu acredito que na Itália, entre a metade dos anos 1950 e a metade dos anos 1970, houve uma mudança profunda da sociedade, que abalou os velhos modelos sociais e as velhas identidades. E acredito também que, com uma mudança tão grande em um espaço de tempo tão limitado, a perda da identidade e dos pontos de referência culturais foi muito dolorosa e traumática para a população italiana. A passagem de uma sociedade camponesa para uma sociedade industrial, que em outros países precisou de um século ou mais, na Itália se cumpriu no espaço de duas décadas.

Infelizmente para a Itália, o encerramento desse processo tumultuado e, por certos aspectos, caótico coincidiu com uma das mais graves crises que a economia mundial já atravessou desde o início da Revolução Industrial. No decorrer dos anos 1970, de fato, foram destruídas todas as certezas e toda a confiança no progresso que haviam guiado as sociedades e as economias ocidentais desde o fim da Segunda Guerra Mundial. A primeira certeza a ruir foi exatamente

---

* Eric Hobsbawm e Terence Ranger, *A invenção das tradições*. Trad. de Celina Cardim Cavalcanti. Rio de Janeiro: Paz e Terra, 1997.

aquela de um crescimento econômico infinito, e para o nosso país tratou-se de um verdadeiro choque. Se a perda de identidade dos vinte anos anteriores podia ser de alguma forma metabolizada graças a um crescimento extraordinário do bem-estar e dos consumos, com a falta desse crescimento todos os nós não resolvidos e todas as contradições deixadas pelo caminho em nome do desenvolvimento voltaram a se fazer presentes de forma opressora. O futuro, que até aquele momento fascinava e exaltava, começou a se tornar um pouco assustador. A partir de então, passou-se a inventar o passado e a tradição como lugar reconfortante e como tábua de salvação em um mundo competitivo e hostil demais para ser enfrentado de cara limpa. Se no plano da inovação a competição era imensa, no da história a Itália podia se gabar de uma primazia difícil de ser derrotada. E a boa cozinha era um pedaço dessa história a ser atualizada, pouco importa se os italianos tinham sido, por tantos séculos, mortos de fome ou vítimas da pelagra.

Talvez alguém ache que eu esteja exagerando no sentido oposto. Para começar, nem todos os italianos eram mortos de fome, e, sobretudo, nem todos eram camponeses. Muitos, mas não todos. Muitos viviam na cidade e, como veremos, na cidade as coisas eram claramente diferentes.

E ainda por cima estamos nos esquecendo dos receituários de Cristoforo di Messisbugo, de Bartolomeo Scappi, do outro Bartolomeo, o Stefani, ou das extraordinárias invenções de Bernardo Buontalenti? E como seria possível esquecer o imenso Pellegrino Artusi? De jeito nenhum, falaremos de Artusi daqui a pouco; mas vamos nos concentrar por um momento nos primeiros personagens citados, grandes cozinheiros das cortes do Renascimento, capazes de surpreender papas e imperadores com pratos refinadíssimos e coreográficos. Exatamente, uma cozinha para papas e imperadores, de cuja existência a imensa maioria dos italianos nem suspeitava, mesmo que dessa cozinha, que poderíamos definir como "teatral", pudesse ser feito até mesmo um espetáculo público. Como aconteceu, por exemplo, em 1487, em Bolonha, na ocasião das núpcias de Annibale Bentivoglio e Lucrezia d'Este: os pratos do banquete, antes de chegar à mesa dos "nobilíssimos convidados", atravessaram a praça pública "para serem mostrados ao povo, de modo que vissem tamanha suntuosidade".

Entre o povo de Bolonha que assistia àquele desfile de pratos magníficos, é bem provável que estivesse algum descendente do famoso Bertoldo, cujas peripécias foram narradas justamente pelo bolonhês Giulio Cesare Croce no começo do século XVII. O astuto vilão, como se sabe, "morreu com fortes dores" porque na corte do rei Alboíno não podia comer "nabos e feijões".* Croce não tem dúvida de que as comidas refinadas podem ser fatais para quem está acostumado a uma dieta bem diferente: "Quem está acostumado com nabos, que jamais coma *pasticci*".**

Mas que relação a chamada cozinha italiana, hoje celebrada no mundo todo, tem com os *pasticci* de Messisbugo, Scappi e companhia bela? Lendo os receituários desses grandes cozinheiros, a resposta só pode ser: nenhuma. Talvez, e digo

---

* Referência à obra *Le sottilissime astuzie di Bertoldo* [As sutilíssimas astúcias de Bertoldo], de 1606. Bertoldo era um camponês e conselheiro do rei que morava na corte. Um dia, doente, foi medicado com remédios que se costumavam dar aos nobres e cavaleiros. Ele pedia nabos e feijões aos médicos, porque sabia que aquilo sim o curaria, mas não foi atendido e acabou morrendo com *"aspri duoli per non poter mangiar rape e fagiuoli"* [fortes dores por não poder comer nabos e feijões]. ** *Pasticci*: plural de *pasticcio*, é o nome genérico que se dá para tortas feitas com massa podre e recheadas com pasta, carne, peixe ou vegetais.

talvez, poderia ter mais a ver com uma certa gastronomia hipercelebrada pelos guias e pela crítica, na qual a ideia e a apresentação, mas também a provocação, prevalecem sobre a função.

Então de onde vem todo esse esplendor de massa ao sugo, escalope, embutidos e queijos deliciosos, de tortas, tortellis e tortellinis, de vinhos e azeites antigos? E, sobretudo, de onde vêm as 790 receitas publicadas em 1911 por Pellegrino Artusi, graças à sua incessante produção como pesquisador e experimentador? Pronto, estamos no ponto de partida, mas também no de chegada. Eu não gostaria de revelar logo o culpado, mas o período em que Artusi coleta as suas receitas, aproximadamente os vinte anos entre o século XIX e o século XX, não é um período qualquer na história da Itália do ponto de vista econômico e sobretudo social. De fato, o fenômeno socioeconômico mais relevante, em alguns aspectos explosivo, da chamada era giolittiana por certo não foi a decolagem industrial no triângulo Milão-Turim-Gênova, que, apesar de fundamental, cobriu apenas uma pequena porção do território nacional, mas sim o extraordinário êxodo de cerca de 15 milhões de italianos com um só destino: o mundo.

Foi nesse período que os costumes alimentares dos italianos começaram lentamente a se modificar e que a mesa se enriqueceu com produtos e ingredientes até aquele momento desconhecidos pela maioria. E não só isso, pois foi nesse período que nasceu o primeiro embrião da "cozinha doméstica italiana", regularmente registrado por Artusi em suas receitas e em sua riquíssima correspondência com centenas de donas de casa italianas. É sobre esse filão que, muitas décadas mais tarde, será construído o mito da cozinha italiana e as histórias, também míticas, de muitos produtos típicos.

Este livro quer reconstruir justamente a história dos produtos típicos italianos, que hoje representam uma parcela importante da indústria agroalimentar do nosso país. Quase sempre esses produtos são descritos como fruto de uma tradição antiga (em alguns casos, antiquíssima), sedimentada durante os séculos e com raízes profundas na história, na cultura e nas tradições locais. A tese de fundo deste livro é que, na maioria dos casos, as histórias dos produtos típicos italianos são resultado de transformações muito mais recentes, e quase todos foram substancialmente "inventados" entre os anos 1970 e os anos 1990.

Paradoxalmente, essa verdade, que em alguns casos é rejeitada de maneira superficial (além de agressiva), não diminui a qualidade dos produtos e não questiona o sucesso desses bens nos mercados nacionais e internacionais; aliás, ela valoriza o trabalho de seleção e de marketing que está na base desse sucesso. Quero ressaltar que os verdadeiros inimigos desses produtos são exatamente aqueles que exaltam sua excelência e depois se opõem de todas as formas aos tratados de livre comércio, como o Acordo Econômico e Comercial Global (CETA, na sigla em inglês) ou o Tratado Transatlântico de Comércio e Investimento (TTIP, na sigla em inglês): se os nossos produtos são excelentes, por que deveriam temer o livre mercado? Parece-me que há uma hipocrisia fundamental nesse medo da concorrência e nessa exaltação da italianidade a qualquer custo; ao consumidor, pouco deveria interessar a proveniência de um alimento; o que interessa é a qualidade e a segurança. Em um país evoluído, quem trata das políticas alimentares são as autoridades sanitárias; na Itália, o responsável é o Ministério da Agricultura, o que deixa evidente a intenção protecionista de toda a retórica sobre a qualidade dos produtos italianos.

Hoje existe uma grande parcela de consumidores que não se contenta em consumir um bom alimento, mas busca no alimento cada vez mais uma experiência totalizante que satisfaça na mesma medida o paladar e o espírito. Nos produtos típicos, essas duas dimensões naturalmente se completam. Por isso, uma história dos produtos típicos italianos leva quase que fatalmente a uma reflexão mais ampla sobre a história e a mitologia da cozinha italiana como um todo.

A coisa chamada de "cozinha italiana", admitindo-se que isso exista, seria então um produto econômico e cultural, fruto de um processo em grande parte artificial iniciado no segundo pós-guerra, mesmo que possamos encontrar suas raízes nas décadas entre os séculos XIX e XX, como já dissemos, por volta da chamada era giolittiana. Já citamos o fato de que esse processo tem a ver, e muito, com os milhões de italianos que saíram pelo mundo em busca de pão — mais do que de fortuna. Como tentarei demonstrar, as características essenciais de muitas cozinhas regionais, na realidade, foram formadas antes na América do que na Itália.

Vale ressaltar que, nos Estados Unidos, a cozinha italiana inicialmente era a cozinha dos deserdados e também — por que esconder? — dos delinquentes que nem sempre se esforçavam para serem queridos nos países de destino. Aliás, nos Estados Unidos, até a Primeira Guerra Mundial, havia um forte preconceito em relação àquilo que os italianos comiam. Os médicos americanos consideraram por muito tempo o azeite de oliva, a massa e a pizza comidas pesadas e indigestas, a ponto de desaconselhá-las absolutamente em um regime alimentar correto. É evidente que o julgamento sobre a comida provinha do julgamento que pesava sobre os que matavam a fome com aquela comida. E não é por acaso que nos Estados Unidos, de fato, a opinião sobre as comidas e os restaurantes italianos mudou exatamente com a Primeira Guerra Mundial, quando a Itália, de país de pobres e ladrões, se transformou em aliado heroico.

Pertence a esse contexto, em que a narrativa se torna um elemento fundamental do próprio alimento, por exemplo, uma outra invenção extraordinária: a chamada "dieta mediterrânea", criada, veja bem, por um fisiologista americano chamado Ancel Keys. Nos anos 1950, o inventor da famosa "ração K", a refeição diária dos militares americanos durante a Segunda Guerra Mundial, fez uma descoberta sensacional: as pessoas desnutridas não têm problemas de colesterol... Mas, afora a ironia fácil, a verdade é que a invenção da "dieta mediterrânea" e o hábil uso que dela se faz em termos de marketing, além de tudo pelo próprio Keys, relançaram ao mundo uma ideia de vida saudável, bela e capaz de satisfazer os sentidos, que se tornaria um tipo de garantia de qualidade para tudo aquilo que de forma genérica podemos relacionar ao made in Italy.

E assim chegamos aos produtos típicos, que recolhem a herança de toda essa história e a relançam. Mas, como disse, já estamos nos anos 1970, no fim do ciclo expansivo da grande indústria, em uma sociedade, a sociedade italiana, que, como notou imediatamente Pasolini, havia perdido grande parte de suas raízes culturais, recebendo em troca um bem-estar inimaginável apenas vinte anos antes. Nesse contexto, os produtos típicos restituem um pedaço de identidade aos territórios e, ao mesmo tempo, permitem que se colham os frutos daquela imagem de um atraso saudável e de valores tradicionais imutáveis que fazem da Itália um país um pouco bucólico e um pouco arcaico.

Por isso mesmo, a outra tese forte do livro é a de que a tipicidade deveria ser identificada não tanto com base no lugar em que um produto é feito, mas com base na comunidade que consome esse determinado produto. A tradição produtiva pode ser facilmente inventada, mas a dos consumos é certamente mais complexa e exige estratégia.

Fazendo uma pesquisa, ainda que não muito profunda, entre os títulos publicados hoje na Itália e sintonizando a TV em qualquer canal, em qualquer horário, invariavelmente deparamos com livros e programas que tratam do tema da cozinha, da gastronomia, das tradições alimentares locais etc. Até mesmo obras de uma certa pretensão, penso por exemplo no recente livro de Piero Bevilacqua, *Felicità d'Italia*, dedicam demasiada atenção ao tema gastronômico. É inútil dizer que se destaca, e muito, uma leitura "hagiográfica" da cozinha italiana, com uma forte propensão a identificar suas raízes antigas (Bevilacqua parte inclusive do período pré-romano, e se ninguém o detivesse ele chegaria a Ötzi, o primeiro cozinheiro estrelado da Itália, visto que pouco antes de morrer ele havia cozinhado e comido cervo e íbex...).*

Este livro tenta realinhar os fios de uma história que muito frequentemente é contada não com a intenção de "compreender o presente pelo passado e o passado pelo presente", segundo o conhecido princípio do historiador Marc Bloch, mas pela exigência de "usar" o passado em função do presente. Aqui, desejo introduzir uma visão mais desencantada e também dessacralizadora, quando necessário. Na realidade, aqui e ali já foram abertos alguns buracos, e há tempos já apareceram dúvidas entre estudiosos e eruditos sobre

---

* Ötzi, o Homem do Gelo de 5,3 mil anos encontrado por alpinistas em 1991, trazia em seu estômago fragmentos da sua última refeição, verificados após uma análise de DNA: cervo, íbex, trigo e samambaia.

uma narrativa e uma autoglorificação que não podem deixar de suscitar suspeitas para quem deveria fazer da exegese e da crítica das fontes o eixo do próprio trabalho.

O poder da tipicidade

Quando entramos em uma loja de produtos alimentícios ou em um supermercado, geralmente somos bombardeados por propostas e por imagens que deveriam nos ajudar em nossa escolha. A primeira coisa a ser esclarecida é se preferimos um produto de marca ou um produto típico, e por produto de marca quero dizer um produto industrial, que, no fim das contas, pode ser, ele mesmo, um produto típico. Uma vez resolvido esse primeiro dilema, se estivermos em um negócio tipo charcutaria, em que somos servidos diretamente, alguém sempre vai nos propor algo especial. Para que fique claro, se a nossa intenção era comprar um embutido ou um queijo, o solícito atendente vai fazer uma lista de produtos típicos: "o presunto de Carpegna", "o salame de Felino", "o pecorino de Pienza" e assim por diante, tudo com aquele importantíssimo artigo determinado, "o". Os produtos típicos estão disponíveis até mesmo no supermercado, mas quem nos mostra esses produtos são as prateleiras, e não tem ninguém pronto a ilustrá-los para nós: as etiquetas mostrando as várias siglas — DOP, IGP, DOC etc. — é que nos guiarão na escolha, dando-nos a certeza de que aquilo que podemos comprar é um produto genuíno e produzido com cuidado artesanal. No fim, a nossa compra dependerá de muitos fatores, como nossa disponibilidade econômica, nossa pressa, a capacidade de convencimento do vendedor ou da etiqueta. Mas a compra de um produto típico parece responder também a outras lógicas, que tentarei explicar nas próximas páginas.

Comprar algo, portanto, significa fazer escolhas. É praticamente impossível que, na nossa sociedade atual, o consumidor não tenha escolha: se deseja ou precisa de determinado bem ou serviço, terá sempre à disposição uma gama mais ou menos ampla de propostas alternativas, mas todas capazes de satisfazer aquele desejo ou necessidade. Então, vamos tirar agora da cabeça um pensamento equivocadíssimo: nenhuma escolha é ditada apenas pela racionalidade. E quando digo "nenhuma escolha", é exatamente isso que quero dizer, nenhuma; da compra de uma roupa à identificação do fundo em que investir o que poupamos. A pessoa que deve escolher será obrigada a interpretar as alternativas com base nas informações que possui, mas também com base nas emoções ligadas, de alguma forma, àquela escolha. Tem a ver com o desejo, tem a ver com a percepção do risco e tem a ver com a previsão que se faz no que se refere à possibilidade de satisfazer o desejo ou a necessidade: todos são elementos que pouco se relacionam com a racionalidade. Além disso, haveria também aquele pequeno problema ligado aos recursos financeiros, que podem ser escassos.

Se sempre pudéssemos satisfazer todos os nossos desejos, não se apresentaria para nós a necessidade de escolher; não é apenas uma questão ligada à disponibilidade de dinheiro (que para grande parte da humanidade já é em si uma enorme dor de cabeça), mas também de espaço, de tempo, de energia etc.

A ciência econômica tentou explicar os mecanismos que estão na base das escolhas e, bem ou mal, conseguiu fazê-lo introduzindo o conceito de "utilidade". Um exemplo clássico para que entendamos rapidamente: se eu tenho sede, um copo de água terá uma utilidade crescente até eu conseguir bebê-lo, mas depois que o tiver bebido, os eventuais copos de água seguintes terão uma utilidade decrescente (o segundo menos útil que o primeiro, o terceiro menos útil que o segundo e assim por diante). Quanto mais minha necessidade for satisfeita, menos utilidade terá o bem que me é necessário para satisfazê-la. Vocês já entenderam que o conceito de utilidade está na base da lei do mercado, e que por isso o preço de um bem sobe quando há um excesso de demanda e cai quando, ao contrário, a oferta é mais alta.

Então agora estamos conversados? Está tudo claro? Podemos dizer que os economistas nos explicaram de uma vez por todas como e por que quase todo dia compramos este bem em vez daquele? Mas nem perto disso! Os economistas tratam do êxito de tais escolhas, e certamente não dos mecanismos mentais em que as escolhas se baseiam. E então, como se conclui pelo título desta seção, aqui nós queremos justamente entender o porquê de determinada compra, não o quanto. Sim, é verdade, existe a chamada economia comportamental, que tenta incorporar diversos aspectos da psicologia humana para explicar alguns mecanismos de mercado. Porque devemos ser claros: se usamos apenas o conceito de utilidade, as contas quase nunca fecham. O mercado parece responder com mais frequência a lógicas emotivas, e não a racionais.

Enfim, se o mercado em geral é influenciado pela emotividade, imagine então as escolhas individuais, tanto em relação aos âmbitos exclusivamente econômicos quanto falando de coisas boas de comer e de beber. É claro que aqui a busca de uma satisfação não necessariamente quantificável tem um papel ainda maior. O psicólogo Paul Bloom, que leciona em Yale — portanto, devemos mesmo confiar nele —, diz de forma simples e clara: um prazer dos mais simples, como a comida, não depende só do gosto daquilo que colocamos na boca, mas sobretudo daquilo que sabemos e pensamos.

Gostamos ou não da comida por causa do que ela representa para nós. Na determinação do que nos agrada, intervêm diversos fatores sociais e culturais: quem gosta dessa comida? Onde podemos saboreá-la? O que sabemos sobre como ela é produzida? As convicções individuais adicionam alguns elementos a mais à experiência.

Eu diria que chegamos ao ponto central da questão. Por que compramos um produto alimentar típico? Com base naquilo que acabamos de ver, poderíamos responder, de forma muito banal, que um produto típico, enquanto tal, adiciona à experiência gustativa alguns elementos a mais de caráter cultural e social. Veremos isso melhor nos próximos capítulos, mas agora já podemos dizer que comprar e saborear um produto típico nos permite viver uma experiência mais gratificante porque estamos convencidos de que esse produto é fruto de uma longa história, de uma relação equilibrada com o ambiente e, portanto, em última análise, é mais saudável e genuíno. Além disso, quando compramos um produto típico, certamente nos sentimos melhores, porque também estamos convencidos de que ele é o resultado de habilidades artesanais que poderiam se perder se pessoas sensíveis como nós não estivessem dispostas a pagar um pouco mais para conservá-las. Vamos pensar no mecanismo das Fortalezas Slow Food, que parecem ter como objetivo principal exatamente esse, o de salvaguardar produções e tradições que correm o risco de desaparecer. Quase como se, por trás da compra de certos produtos, existisse uma missão social. É inútil dizer que grande parte dessas convicções são absolutamente injustificadas, e isso também nós veremos nos próximos capítulos.

Mas aqui não importa tanto que as histórias dos produtos típicos sejam verdadeiras ou falsas, ou que a relação com o ambiente seja equilibrada ou não. Aqui interessa o que o consumidor percebe ou quer perceber. No conto "Os óculos", de Edgar Allan Poe, o jovem protagonista, muito míope, apaixona-se perdidamente por uma mulher que ele enxerga belíssima, mas que, depois de finalmente colocar os óculos, percebe que se trata de uma velha desdentada. Aqueles malditos óculos, na verdade, interromperam uma belíssima história de amor. De forma análoga, não importa o quanto de verdade e o quanto de inventado existe naquilo que nos contam sobre a comida que estamos comendo, mas importa a sensação de satisfação que dela tiramos. Se para obter essa satisfação estamos dispostos a renunciar a um pouco de objetividade, acho que não há mal nenhum.

Sem exageros, porém. Em 2014, o colecionador e especialista de vinhos Rudy Kurniawan foi condenado a dez anos de prisão, bem como a uma indenização de muitos milhões de dólares, por ter vendido durante alguns anos a colecionadores e ricaços de meio mundo (em particular americanos) vinhos de baixíssima qualidade dentro de garrafas com prestigiosos rótulos das melhores *maisons* francesas. Garrafas autênticas que ele buscava vazias em restaurantes e nas quais com frequência colava rótulos que ele mesmo imprimia, falsificando à perfeição as de safras e cantinas* particularmente apreciadas. Mas o divertido é que seu golpe milionário não foi descoberto porque alguém teve dúvida de que o vinho que estava bebendo fosse um vinho barato e não um Château Latour de 1956, mas porque aquele típico sujeito detalhista e chato percebeu que um certo vinho vendido por Kurniawan tinha no rótulo uma safra em que na realidade não havia sido produzido. É claro

---

* "Cantina", em italiano, pode significar o lugar onde os vinhos são conservados, no subsolo de uma casa, por exemplo, mas também o complexo de ambientes para a sua produção e conservação.

que aqueles que haviam comprado uma garrafa de vinho de supermercado por muitas dezenas de milhares de dólares ficaram um pouco reticentes em admitir terem sido enganados, mas é igualmente claro que o sabor do vinho é influenciado também pelo rótulo colado na garrafa.

Por certo, o interesse pela tradição e pela história dos alimentos que são consumidos está mais presente hoje do que no passado. Não só na Itália, como demonstra a história de Kurniawan, mas com certeza no nosso país tal interesse parece alcançar níveis muito elevados. Se no resto do mundo industrializado a atenção pela tradição alimentar é filha do bem-estar alcançado que, enfim, induz a considerar a comida não apenas como a simples solução para a exigência de se alimentar, na Itália, onde parece haver uma dificuldade maior em aceitar as mudanças, a nostalgia pelo passado é mais difundida, e pouco importa se esse passado é autêntico ou inventado.

O passado reconforta. Ou melhor, o passado assusta menos que o futuro. Mas, veja bem, essa é uma percepção toda nossa, ligada à época em que estamos vivendo e às condições particulares que caracterizam nosso país. Para deixar bem claro, na geração passada esse sentimento certamente não era tão difundido; isso para não falar dos nossos avós, que, tendo vivido na própria pele todas as privações e os incômodos da sociedade tradicional, no que diz respeito aos bens materiais, jamais sentiriam nostalgia daquele mundo. Certamente, os nossos avós pareciam sentir saudade dos belos tempos vividos, em que a vida era mais simples e talvez as relações humanas fossem mais sólidas, mas havia também a consciência de uma miséria difusa, de menos oportunidades e de uma incapacidade crônica de satisfazer até mesmo as necessidades primárias. De resto, acabamos tendo saudade até do serviço militar porque naquela época, pelo menos, tínhamos vinte anos.

Tudo isso não se reflete apenas no amplo e articulado mercado dos produtos típicos, mas também é incorporado pela indústria alimentícia. Isso é mostrado com clareza nas propagandas de biscoitos, massa, cerveja e condimentos vários, que cada vez mais fazem referência a um passado idílico, a um saber artesanal que é mais fruto da experiência que da pesquisa, e, enfim, a uma naturalidade que parece rejeitar tudo aquilo que a ciência pode colocar no alimento. Até os salgadinhos chegam a se vangloriar de uma história que certamente não podem ter e que, no fundo, não dá para entender nem por que motivo eles deveriam ter: o salgadinho é a clássica comida moderna, filho da comodidade e não da tradição, é claro. Evidentemente, os especialistas de marketing avaliaram que, para um produto como esse, a história e a tradição podem ser elementos de reconforto e, portanto, de atração para o consumidor.

Então a questão de por que se compra um produto típico poderia ser reformulada: por que na Itália os produtos típicos são mais numerosos que em outros lugares e há a corrida, às vezes realmente incompreensível, para descobrir e certificar especialidades cuja produção não tem um real valor econômico, além de cultural? Em suma, a questão não é só identificar os motivos pelos quais se compram os produtos típicos, que talvez, bem ou mal, já tenhamos entendido, mas é mais ampla e sutil: o que leva os empresários, políticos, administradores e simples cidadãos a buscá-los, e, quando é o caso, a inventá-los? Este é o país no qual duas das regiões mais ricas do mundo, Vêneto e Friuli-Venezia Giulia, fazem guerra para estabelecer a paternidade do tiramisu, onde políticos de envergadura nacional descem à arena como cavaleiros medievais para defender a honra de uma linguiça ou de um queijo. Há algo de medieval, de fato, no comprometimento dedicado pelas comunas para obter uma forma de reconhecimento qualquer sobre seu produto local. É quase como se fossem "as sagradas relíquias do século XXI, o pão de grano arso* venerado como o braço de santo Antônio, a colatura de anchovas como o sangue de são Genaro, as rotas do vinho como o caminho dos peregrinos, a luta pela DOP como a última cruzada" (Marianna Mascioletti).

Nessa nova Idade Média, o mito também se contrapõe à ciência. Enfim, usando as palavras de Elena Cattaneo: "O mito atrai, a ciência é complexa". É isso.

---

* Grano arso é um produto típico da região da Apúlia, no sul da Itália. Em sua origem, a farinha de grano arso era considerada "pobre", sendo obtida após a colheita e a queima de restolhos, quando os camponeses voltavam aos campos para pegar o que havia sobrado de grãos de trigo. Triturando essa sobra, obtinham uma farinha escura, usada para pães ou como moeda de troca.

1.
A cozinha italiana não tem nem cinquenta anos

A história da cozinha italiana sempre é contada com base em alguns pressupostos que hoje já se tornaram verdades irrefutáveis. Vou listar os principais, nos quais quase todos os italianos poderiam apostar a própria vida.

1. A cultura gastronômica de hoje tem suas raízes nas tradições antigas e na cozinha medieval e do Renascimento.
2. A cozinha italiana é a soma de várias cozinhas regionais.
3. Pellegrino Artusi era um grande cozinheiro e um profundo conhecedor das várias cozinhas regionais italianas.
4. Os emigrantes italianos levaram consigo a cultura gastronômica de suas terras e a difundiram pelo mundo.
5. Os italianos sempre se nutriram seguindo os princípios daquela que hoje chamamos "dieta mediterrânea".

Bem, quem tem intenção de apostar a vida é bom que saiba que a perderia, porque nenhum desses "axiomas" representa a realidade. Aliás, poderíamos tranquilamente dizer que é verdade o exato oposto:

1. A chamada cozinha italiana atual não tem nenhuma relação com as tradições antigas e com a cozinha medieval e do Renascimento.
2. As cozinhas regionais são uma invenção recente.
3. Pellegrino Artusi não era um bom cozinheiro e não se

interessava em conhecer e difundir a realidade gastronômica italiana.
4. Os emigrantes italianos construíram no exterior, sobretudo na América do Norte, boa parte da cozinha italiana, que então foi levada de volta para a Itália.
5. Os italianos jamais seguiram a dieta mediterrânea.

Sem rodeios, a cozinha italiana, como a conhecemos hoje, nasceu entre os anos 1970 e 1980; portanto, sendo generosos, podemos lhe dar quarenta anos de vida. Para deixar claro, naquele período também nasceram as receitas e os produtos que hoje relacionamos ao conceito de cozinha italiana; mas sobretudo o que começou foi a mitologia da cozinha italiana, a narrativa, como diriam os antropólogos. A identificação da tradição gastronômica como um dos principais elementos identitários foi uma invenção daqueles anos; talvez possamos encontrar seus prenúncios no período fascista, mas em todo caso se tratava de um elemento cultural que subvertia pelo menos trinta anos de busca extenuante por modernidade e por homologação (verdadeira ou presumida) também à mesa.

Para dizer a verdade, os cantores dessa revolução cultural não partiram do zero. Os vários Carnacina, Veronelli, Buonassisi, Alberini tinham material suficiente para escrever uma primeira versão dessa história, assim como, há alguns anos, Mario Soldati ou um personagem excêntrico e poliédrico como Gianni Brera puderam confeccionar a história das tradições populares, incluindo aquelas ligadas à comida, com a sua extraordinária poesia. O que ninguém quer dizer é que boa parte dessa identidade gastronômica, naquele momento ainda em estado bruto, havia sido inventada e então preservada e protegida sobretudo pelos emigrantes, em particular nas comunidades italianas da América do Norte.

Os bárbaros, as cidades e a vida na corte

Vejamos, nós também, esse primeiro material bruto, levando sempre em conta que os anos 1970 continuam sendo um momento fundamental, exatamente porque naquela década boa parte dessas verdadeiras ou presumidas tradições foram manipuladas, deformadas ou até mesmo inventadas do zero. Por isso, vamos tentar contar como se deve a história da chamada cozinha italiana. Se possível sem mitos e lendas, porque não estamos falando dos deuses do Olimpo, mas do eterno problema de encher a pança, e porque não há nenhum motivo histórico real pelo qual os habitantes daquela que hoje chamamos Itália o tenham feito melhor que outros povos da Terra; aliás, eu diria exatamente o contrário...

Por onde começar a história? Vamos falar abertamente, toda escolha corre o risco de ser arbitrária, porque a história humana é um processo sem fraturas reais, principalmente no que se refere aos elementos da civilização material; e o que existe de mais material do que a comida? Mas, apesar disso, vou resistir à tentação de falar de camunos, etruscos, celtas e romanos; partirei da Idade Média, grosso modo do século VIII, quando, enfim, as misturas étnicas e culturais estavam substancialmente concluídas, com exceção da Sicília, onde os trabalhos só terminaram no século XIII com a definitiva afirmação dos aragoneses. Vamos partir do momento em que, como diz Massimo Montanari, "a cultura do pão, do vinho e do azeite (símbolos da civilização agrícola romana) se misturou com a cultura da carne e do leite, da banha e da manteiga (símbolos da civilização 'bárbarica', ligada mais ao uso da floresta que à prática da agricultura)", dando vida ao modelo "agrossilvipastoril".

Nessa fusão entre civilizações diferentes, não há nada de específico relativo à Itália: o encontro entre a cultura alimentar romana e a barbárica incluiu toda a Europa, salvo a área que ficava sob o Império Bizantino, que por isso mesmo se manteve substancialmente impermeável às contribuições dos chamados povos bárbaros e permaneceu mais ligada à cultura greco--romana. Aquilo que os italianos de então comiam era mais ou menos o que comiam os habitantes da Península Ibérica ou do sul da França, mas também de parte dos Bálcãs; podia haver algumas diferenças em relação à dieta na Europa Central, por evidentes questões climáticas e agrícolas, mas substancialmente os europeus comiam cereais e carne. Quanto mais se descia para o sul, mais eram difundidos o azeite e o vinho; quanto mais se subia para o norte, mais importância assumiam as gorduras de origem animal (banha e manteiga). A impossibilidade de cultivar a videira para além do paralelo 50 limitou por muito tempo o consumo de vinho em toda a Europa Setentrional, pois se tratava de um produto de importação e, portanto, muito caro em relação a outras bebidas alcoólicas de produção local, em particular a cerveja. Como veremos, as coisas mudariam no curso do século XVIII. O cristianismo uniformizou, mais tarde, os costumes alimentares de toda a Europa, com seus preceitos, seus símbolos eucarísticos (pão e vinho), seus dias de jejum e suas festas.

Até a revolução urbana dos séculos X e XI, a Europa era caracterizada pelo sistema feudal e pela economia rural fechada. Desse ponto de vista, também havia diferenças nas diversas áreas do continente, mas o autoconsumo permanecia, por toda parte, e de longe, o principal método de sustento: as trocas eram poucas; o consumo de alimentos de quilômetro zero ainda era uma dura necessidade e não uma moda bastante esnobe como é hoje. As cidades eram apenas centros administrativos de pequenas dimensões, pouco mais que simples vilas geralmente ligadas a um bispo ou a qualquer outra função política de certa importância. E este é um dado que precisamos ter muito presente, porque enquanto não se desenvolvem cidades capazes de expressar uma demanda relevante de gêneros alimentares, não há sentido em se falar de cozinha e muito menos de gastronomia. Naquilo que George Huppert definiu como a "vila eterna" da Europa pré-industrial, se comia da forma que era possível, o que se produzia, quando havia, sem pensar no gosto e sem a possibilidade de se obter ingredientes particulares.

Por uma série de motivos que aqui não cabe detalhar, na Idade Média a Itália era a área europeia em que as cidades se recobraram e se desenvolveram antes e de maneira mais organizada. E graças justamente a esse desenvolvimento precoce, a Itália era também o lugar em que essas cidades conseguiram, melhor que em outras partes, estabelecer um forte controle sobre os territórios ao redor. O problema, de fato, era que a cidade, não sendo por natureza autossuficiente do ponto de vista alimentar, tinha necessidade de um sistema de aprovisionamento seguro; e assim nasceram as políticas de racionamento, que tinham o objetivo de garantir certa reserva de trigo no interior da cidade, e a sujeição de áreas rurais mais ou menos extensas também servia a esse escopo. Além disso, a cidade se tornou progressivamente o lugar de produção manufatureira, de escambo, de contenda política, de estudo etc. Em poucas palavras, na cidade se concentravam todos os ricos e poderosos da região, que deviam ostentar seu poder e sua riqueza em tudo que faziam, construindo para si residências cada vez mais elegantes, vestindo roupas cada vez mais caras, e também comendo alimentos cada vez mais desejados. É assim que começa o primeiro tempo da história da cozinha italiana, que, como veremos, tem muito pouco a ver com o segundo tempo.

A primeira epopeia da cozinha italiana, então, é uma questão inteiramente urbana: os centros comunais e mais adiante as capitais das várias senhorias se tornaram os espaços privilegiados para consumos de luxo. Se historicamente os consumos alimentares das cidades e do interior eram diferentes, nos séculos da baixa Idade Média essas diferenças se acentuaram, mais na Itália que em outros lugares. A dieta dos habitantes da cidade era mais variada em relação à dos habitantes do campo; na cidade, comia-se mais carne e era considerado um direito poder comprar pão branco de "flor de farinha". Porém, não devemos cair no erro de generalizações fáceis: na cidade também havia quem comesse aquilo que podia e quando podia. A fome, a inanição, o desespero, chegando mesmo ao canibalismo, eram bem presentes em sociedades estruturalmente frágeis do ponto de vista alimentar.

Mas não estamos tratando aqui desses desamparados e nem mesmo dos camponeses, que, como se sabe, não devem conhecer como é bom o queijo com peras.* Estamos tratando apenas daquela restritíssima parcela da população que não tinha problemas para almoçar e jantar. Os receituários, que começam a aparecer no fim do século XIII, eram destinados a esse público. A cozinha descrita nesses livros é "em grande medida internacional: os mesmos nomes, os mesmos gostos, as mesmas modalidades de preparo aparecem nos receituários de vários países: Itália, França, Espanha, Inglaterra, Alemanha. É comum o uso maciço das especiarias, um verdadeiro *status symbol* da cozinha medieval" (Montanari). É evidente que esses livros eram, em essência, a coletânea dos costumes alimentares das elites das cidades, a enésima forma de exibição de classes dirigentes que faziam da ostentação um pilar de seu poder. Além disso, os custos

---

* Referência a um ditado italiano: "*al contadino non far sapere quanto è buono il cacio con le pere*".

desses livros manuscritos eram altos a ponto de tornar extremamente improvável sua compra por parte de donos de osterias e outros estabelecimentos, ou seja, aqueles que, em teoria, fariam uso deles. No *Liber de Coquina* (século XIV) ou no receituário de Maestro Martino (século XV), a intenção didática e prática, de fato, está bem longe de ser prevalente; é só pensarmos que Artusi, cinco séculos depois, reclamaria da pouca utilidade prática dos receituários que então circulavam pela Itália e que no fundo não eram nada mais do que o desdobramento daqueles livros medievais pioneiros. Aqueles receituários eram escritos por profissionais para exaltar a própria habilidade e a própria fantasia, ou por cortesãos para adular o seu senhor, que os recebia em sua rica mesa diariamente.

Bom, o que se comia à mesa de príncipes e nobres italianos entre a Idade Média e o Renascimento? O que encontramos nos receituários desse período e nos que foram escritos nos séculos sucessivos? A cozinha dos ricos, entre os quais devemos incluir também bispos, cardeais, abades e todos aqueles pertencentes à alta hierarquia eclesiástica, era constituída por pratos que quase sempre, segundo o nosso gosto de hoje, estavam no meio do caminho entre o apenas desagradável e o vomitivo, pura e simplesmente.

Partamos de um dado teórico bem preciso: segundo a medicina da época, o corpo humano era saudável quando todos os elementos estavam em equilíbrio — e aqui estamos falando de quente, frio, seco e úmido. Acreditava-se que tal equilíbrio podia ser alcançado ou preservado sobretudo graças à alimentação; um alimento, portanto, seria tão mais saudável e agradável quanto mais possuísse as características fundamentais: doce, salgado, picante, ácido etc. Em outras palavras, se a regra é que aquilo que é bom faz bem, é correto dizer também o contrário: o que faz bem é bom. Além disso, o aspecto e as cores dos alimentos eram considerados fundamentais para estabelecer suas qualidades dietéticas e de gosto. Eis então que as mesas dos ricos se encheram de *biancomangiare*,* de "agridoce", de molhos doces para serem colocados sobre comidas salgadas etc. E não acredite, como se costuma dizer, que as especiarias serviam para encobrir eventuais sabores ruins de carnes malconservadas; pelo contrário: a carne era consumida ainda mais fresca do que é hoje. Não, as especiarias eram, como já dissemos, um *status symbol*, mas também um modo de reequilibrar os sabores de um prato, tornando-o mais "saudável". Tanto é verdade que por muito tempo o açúcar foi considerado uma especiaria, justamente pela sua capacidade de conferir doçura a comidas salgadas ou ácidas.

Está bem, alguns de vocês, que já leram muito, dirão que Boccaccio, no *Decameron*, fala de raviólis e de montanhas de queijo parmesão ralado, de coisas que, hoje, seriam boas também para nós. E então, quando aqui e ali se faz referência a lasanhas e a macarrão, não existe cozinha mais italiana do que essa. Correto, aliás, corretíssimo, mas precisamos explicar algumas coisas. Antes de tudo, estamos sempre falando de comida para poucos ou para pouquíssimos; não por acaso, Boccaccio coloca os *ravioli* e os *maccheroni* no fantástico país de Bengodi. Portanto, vamos ser claros, essa história da massa, ou da pasta, não era uma exclusividade italiana. Dói ter que admitir, mas entre a alta e a baixa Idade Média, a pasta era consumida em toda a área do Mediterrâneo. Mesmo sendo uma história em parte misteriosa, existem boas razões para acreditar que a pasta chegou à Europa

---

* O *biancomangiare* hoje é um doce típico do sul da Itália, muito parecido com o nosso manjar-branco. Na Idade Média e no Renascimento, no entanto, referia-se a um prato inteiramente branco feito com carne de frango, leite, açúcar e especiarias.

através dos árabes. Foram, então, os árabes que difundiram seu consumo e as relativas técnicas de produção em todas as regiões por eles controladas ou habitadas, ou que tivessem relações políticas e comerciais com os vários califados do Mediterrâneo. E como os árabes ficaram na Sicília até o século XIII, não surpreende que a pasta tenha continuado a ser, também nos séculos posteriores, um alimento mais difundido na Itália, sobretudo na parte meridional, do que em outros lugares. Mas afirmar que a pasta foi um elemento distintivo da cozinha italiana com continuidade da Idade Média até hoje é, no entanto, bem diferente. Os séculos sucessivos nos demonstrariam, ao contrário, que um consumo de pasta digno de nota ficou circunscrito, até não muitas décadas atrás, a pouquíssimas áreas.

Chegamos aos raviólis. Aos tortellinis e tortellis, e sucessivamente aos cappellettis, cappellaccis, agnolottis e anolinis, mas também às infinitas variedades de tortas recheadas que, no fundo, fazem parte da mesma grande família da pasta recheada. Também nesse caso é bom pontuar algumas coisas: em primeiro lugar, ainda estamos falando de pratos para poucos eleitos; em segundo lugar, não é absolutamente verdade que a pasta recheada era uma exclusividade italiana: em várias formas e com vários recheios, a pasta recheada era encontrada por toda a Europa, ou melhor, por todo o mundo, como demonstram muitos pratos das cozinhas chinesa e japonesa. Porém, não há dúvida de que alguns tipos de pasta recheada foram se tornando um símbolo de algumas cozinhas italianas locais. Aliás, podemos afirmar que cada vez mais, no curso dos séculos XV e XVI, esses raviólis e essas tortas recheadas se tornaram o verdadeiro símbolo da cozinha das cortes italianas e que, em alguns aspectos, assim permaneceram também nos séculos sucessivos, pelo menos no que se refere ao centro-norte da Itália. Que fique claro, estamos falando ainda de pratos que para nós seria difícil deglutir. Para dar um exemplo, Mântua e Ferrara batalham pela primazia dos tortellis de abóbora, atribuindo sua invenção a Isabella d'Este, que nasceu em Ferrara, mas que, a partir dos dezesseis anos, viveu em Mântua. Pena que na época de Isabella (1474-1539) a abóbora com a qual se fazem os tortellis ainda não era conhecida na Itália; portanto, fica evidente que os tortellis que a bela marquesa comia de vez em quando eram completamente diferentes dos que comemos hoje e, tudo indica, muito distantes dos nossos gostos.

As finalidades políticas e coreográficas, se assim podemos dizer, da cozinha das cortes italianas criaram um outro efeito, em alguns aspectos paradoxal, sobretudo se comparado com toda a retórica atual sobre nossas supostas excelências agroalimentares: à mesa dos senhores, quando era possível, levavam-se produtos provenientes de terras longínquas. Já falamos das especiarias, mas também de vinho, azeite, queijos e carnes em conserva: quanto mais longe a proveniência, mais apreciados eram, e mais sua qualidade era exaltada, em contraposição aos produtos locais de sabores simples e comuns. Não preciso dizer que tudo isso tinha o objetivo tanto de surpreender os convidados quanto de demonstrar o poder e a riqueza do anfitrião. Os produtos dos campos, dos bosques ou dos rios vizinhos, quando não estritamente necessários, eram de alguma forma considerados indignos da mesa de um senhor. No fundo, era próprio do camponês nutrir-se exclusivamente daquilo que produzia. Enfim, a tipicidade só funcionava ao contrário: uma comida era boa apenas se fosse típica de alguma região longínqua; se, ao contrário, fosse típica da região em que morava o senhor, digamos que era muito menos apreciada.

Para compreender por que essa cozinha estranha, em alguns aspectos excêntrica, teve tanto sucesso e tanta fama até mesmo fora da Itália, devemos ter em mente que durante toda a baixa Idade Média e ainda em boa parte do século XVI a Itália era de longe a área mais rica e desenvolvida da Europa; suas cidades eram as mais bonitas e as maiores. Não devemos nos esquecer de que as cidades italianas eram as únicas com casas de alvenaria, enquanto no resto da Europa as casas das cidades eram feitas de madeira, e assim o foi por muito tempo; só esse dado já justificava a admiração dos outros europeus pelos centros urbanos da Península. Mas isso não era tudo: os artistas italianos eram os melhores do mundo; os campos da Itália eram os mais bem cultivados e mais produtivos; suas manufaturas eram as mais avançadas e seus produtos eram os mais procurados em todo o continente; seus bancos eram os mais confiáveis e poderosos etc. Portanto, era óbvio que todas as nações aspirassem a se tornar como a Itália e que também o estilo de vida e o conforto dos ricos italianos fossem o modelo a ser imitado pelos ricos de todas as outras regiões. Era a riqueza geral dos Estados italianos e a sua modernidade em relação ao resto da Europa o que dava prestígio à comida italiana, e não vice-versa, como em parte parece acontecer hoje. De fato, o prestígio da cozinha italiana nas várias cortes europeias declinou quando a economia italiana declinou. Assim, depois da pompa da baixa Idade Média, ainda na primeira metade do século XVI, o cozinheiro ferrarês Cristoforo di Messisbugo (1491-1548) podia certamente surpreender reis e imperadores com seus banquetes memoráveis; algumas décadas depois, Bartolomeo Scappi (1500-77) era universalmente considerado o mais importante cozinheiro da Europa; em 1600, Maria de Médici exigiu, e conseguiu sem discussão, que para o matrimônio do século entre ela e o rei da França, Henrique IV, o arquiteto e cozinheiro florentino Bernardo Buontalenti (1531-1608) supervisionasse tanto o fantasmagórico banquete nupcial que aconteceu em outubro, em Florença, quanto a festa mais sóbria alguns meses mais tarde, em Paris.

Mas, na prática, esse foi o canto do cisne da alta cozinha italiana. Os cozinheiros da Península, a partir desse momento, desapareceram do Olimpo da cozinha europeia.

Chegam os franceses

Sabemos que o século XVII mudou as hierarquias mundiais; as velhas potências mediterrâneas, entre as quais as grandes cidades italianas, tomaram o caminho de um declínio irreversível, beneficiando as novas potências atlânticas, em particular os Países Baixos e a Inglaterra. Mas também no coração do Velho Continente, novas cidades e novas cortes se impuseram como modelos de elegância e de estilos de vida: Paris, em particular, tornou-se o centro mais importante da Europa para a cultura e o estilo. Não é de surpreender, então, que exatamente nesse momento tenha começado a irresistível ascensão da cozinha francesa como exemplo a ser imitado por todas as cozinhas europeias.

Tratava-se de uma revolução profunda nos gostos e nas preparações dos alimentos. A primeira e mais vistosa mudança era relativa justamente a um dos aspectos mais visíveis da cozinha medieval, o uso das especiarias, que a partir desse momento ficou muito mais limitado e, do nosso ponto de vista, também mais equilibrado. Contemporaneamente ao uso mais moderado das especiarias, ampliou-se o uso da manteiga e das ervas aromáticas. Outro aspecto fundamental foi a notável separação entre doce e salgado; o açúcar, por exemplo, foi de uma vez por todas destinado à preparação de doces e deixou de ser considerado uma especiaria usada para preparar condimentos para assados e cozidos. Os molhos e os condimentos, justamente, também se tornaram mais leves e menos predominantes no sabor em relação ao que era prescrito pelos tratados de cozinha anteriores. Além disso, a ordem de apresentação dos pratos foi igualmente alterada, a favor daquela repartição que ainda hoje utilizamos, que vai do antepasto à sobremesa. Mudou até mesmo a terminologia culinária, ou seja, o vocabulário usado pelos cozinheiros; o francês se tornou a língua internacional e assim permaneceria até os nossos dias. Os textos escritos pelos grandes cozinheiros italianos, que até aquele momento eram considerados evangelho em toda a Europa, logo foram esquecidos e deixados embolorando nos sótãos ou nas estantes de velhas bibliotecas.

E na Itália, como é que tudo isso foi sentido? Quero dizer, as pessoas devem ter manifestado um pouco de orgulho nesse tsunâmi gastronômico-cultural que varreu tudo. Enfim, houve uma reação, uma forma qualquer de resistência a essa invasão? Não vamos nos iludir; aquilo que aconteceu na Itália no século XVII já foi contado por Alessandro Manzoni muito melhor do que eu poderia fazer. Sem que a gente se perca nas famosas pestilências e nas igualmente famosas invasões dos lansquenês, basta dizer que na Itália já havia se tornado provérbio uma expressão linguística que de algum modo permaneceria sendo um traço característico da chamada italianidade: "*Francia o Spagna purché se magna!*".* É verdade, porque já fazia quase dois séculos que os exércitos de meia Europa circulavam para cima e para baixo na Península; as ricas nobrezas dos vários Estados estavam dispostas a se vender à potência estrangeira da vez para que pudessem preservar seu poder cada vez mais limitado, e aquelas cortes que antes impunham o estilo a toda

---

* "França ou Espanha, desde que se coma": expressão atribuída ao escritor e político Francesco Guicciardini para descrever o comportamento do povo italiano frente às guerras: para manter o poder, ou o mínimo de autonomia, os governantes da Itália apoiavam ora uma, ora outra potência.

a Europa agora eram pálidos simulacros de si mesmas. Aliás, agora eram os ricos italianos que imitavam as modas francesas, antes de tudo nas roupas, mas também à mesa, obviamente.

O imenso patrimônio de reputação e fama que a cozinha italiana havia acumulado em mais ou menos quatro séculos foi dilapidado em pouco tempo, sobretudo pelas mãos dos próprios italianos. Até mesmo alguns produtos típicos que na Idade Média haviam tido uma boa difusão, como por exemplo o queijo que hoje chamamos de Parmigiano, mas que na época era geralmente chamado Lodigiano ou Piacentino, perderam seu caráter "internacional" e se voltaram cada vez mais ao mercado interno. Da mesma forma, alguns vinhos italianos, conhecidos e apreciados na Idade Média, na prática desapareceram entre os séculos XVII e XVIII; é o caso dos vinhos doces e de alta graduação, que os mercadores venezianos iam buscar na Apúlia, bem como na Grécia, em Creta, no Chipre e em Rodes, para então misturá-los e vendê-los nos mercados norte-europeus, onde eram particularmente apreciados.

Enfim, com o século XVII começou uma longa fase em que a cozinha italiana entrou em uma névoa da qual só sairia com muito esforço no fim do século XIX. Aqui e ali, alguns receituários malfeitos e mal escritos pareciam repropor velhos costumes e velhas receitas, mas eram apenas exercícios de estilo ruins, sem nenhuma referência prática. Na realidade, a grande cozinha italiana medieval e do Renascimento simplesmente deixou de existir. E, dados os sabores e as preparações que a caracterizavam, no fim das contas não foi uma grande perda. Um processo análogo estava acontecendo em relação à moda. Como dissemos, as elites italianas se limitavam a imitar as roupas e a cozinha de Versalhes. Não pode ser por acaso que o livro de cozinha mais difundido na Itália na metade do século XIX tenha sido *O cozinheiro francês*, publicado pela primeira vez em Bolonha em 1682 e reimpresso até a 14ª edição, em 1826. A bem da verdade, essa colonização gastronômica francesa não diz respeito somente à Itália, mas abrange toda a Europa, da Península Ibérica aos Montes Urais. Claro, no caso da Itália, que tinha uma tradição tão sólida, esses resultados, que lembram bastante uma submissão desonrosa, realmente impressionam.

O fato é que, assim como na Idade Média a cozinha aristocrática italiana era admirada e invejada por toda a Europa porque a economia e a cultura italianas guiavam o continente, agora os vários pequenos Estados que compunham o complexo mosaico italiano eram realidades marginais e atrasadas no contexto europeu. O Mediterrâneo não era mais o centro do mundo e a economia italiana foi a que pagou o maior preço por isso. O famoso "Grand Tour", que entre os séculos XVII e XIX os descendentes de todas as famílias aristocráticas da Europa deviam fazer, e que invariavelmente terminava na Itália, tinha como finalidade conhecer de perto as abundâncias da Antiguidade e os últimos vestígios da cultura clássica, não o modo de vida de populações vistas como atrasadas, quando não "selvagens", no sentido literal. Aliás, em muitos diários de viagem desses turistas jovens e ricos, há frequentes reclamações sobre a comida italiana, que não era considerada particularmente primorosa e à altura de paladares refinados.

Os italianos pobres, porém, continuaram a comer aquilo que encontravam e, particularmente no campo, aquilo que era produzido em um raio muito limitado. Mas como a situação era pior do que antes, até mesmo a dieta popular sofreu outra involução. A introdução do milho, cereal com rendimentos claramente maiores (e, portanto, com preços menores) em relação sobretudo ao trigo, resolveu em boa parte o problema da fome, pelo menos na Planície Padana. Mas a alta disponibilidade do milho levou massas cada vez maiores de desesperados a adotar uma dieta monótona, o que provocou um novo problema, a pelagra. Em meados do século XIX, um terço dos camponeses sofria dessa enfermidade. Tratava-se evidentemente de uma doença social, ainda que os governos da época, tanto antes quanto depois da Unificação, que representavam principalmente os interesses dos proprietários de terras, negassem a natureza econômica do problema, preferindo por muito tempo as teorias mais confortáveis (para eles) de Cesare Lombroso, que identificava as causas da pelagra não na dieta baseada apenas no milho, mas em uma má conservação do cereal, que acabava por torná-lo venenoso.

E os raviólis, as lasanhas e as tortas recheadas, o que aconteceu com eles nesse longo esquecimento? É difícil responder, porque, como já dissemos, a hegemonia francesa não se manifestava apenas à mesa, mas também nos textos e nos receituários. A publicação de livros de cozinha ou de receituários relativos a pratos e preparações não contemplados na cozinha para além dos Alpes é praticamente interrompida a partir do século XVIII. Na realidade, alguns manuais locais continuavam sendo publicados aqui e ali também nos séculos XVIII e XIX, mas, vamos falar a verdade, eram livretos sem pretensões e substancialmente ilegíveis, além de inúteis do ponto de vista prático.

Esses dois séculos basicamente representam um buraco até no que se refere à documentação escrita sobre a história da cozinha italiana. Alguma coisa sobreviveu nos receituários domésticos ou nas obras de algum erudito local; um tênue fio vermelho, cada vez mais desfiado e impalpável, mantinha unidos essa bibliografia despretensiosa e maneirista e alguns elementos da antiga cozinha do Renascimento. Mas não pensem que foram as classes populares que preservaram os pratos ligados às glórias da tradição medieval e renascentista da cozinha italiana descritas naqueles textos. Como jamais cansarei de dizer, o proletariado urbano e o imenso mundo camponês apenas sonhavam com certas comidas, ou, como os bolonheses de 1487 dos quais falamos na Introdução, as tinham visto somente de passagem pela praça pública.

A história é diversa para dois clássicos da cozinha italiana: a pasta e a pizza. É claro que, quando dizemos que são dois clássicos da cozinha italiana, nos referimos à situação atual; nos séculos XVIII e XIX ainda eram alimentos que podiam ser comidos normalmente apenas em algumas cidades do Mezzogiorno* e sobretudo como comida de rua. Em grande parte do centro-norte, a pasta, por exemplo, continuava sendo uma curiosidade quase exótica a ser consumida, a rigor em brodo [caldo], de vez em quando. A pizza, ao contrário, era (e é) um quitute que se podia (e se pode) comer em toda a área mediterrânea, se bem que com formas e características diversas; a própria palavra com a qual se define genericamente a massa de pão condimentada e assada no forno é mais ou menos igual nas diversas línguas mediterrâneas: pizza, *pita*, *pitta*, *pida*, *piada*... bom, vocês entenderam. Enfim, aquele disco de pão com algo em cima para torná-lo mais rico e saboroso não é exclusividade italiana e nem mesmo napolitana; isso ele se tornaria, no imaginário coletivo, entre o fim do século XIX e o início do século XX, porém apenas como efeito colateral da imigração italiana no mundo, em particular para a América do Norte. Mas sobre isso falaremos daqui a pouco.

A parábola da pasta nos permite esclarecer alguns outros aspectos sobre esse período da história gastronômica italiana; aspectos que hoje nos parecem paradoxais e que demonstram, mais uma vez, como a identidade de uma suposta

---

* Região que compreende o sul da Itália e as ilhas italianas.

cozinha italiana, admitindo-se que isso tenha alguma vez existido, se perdeu completamente entre os séculos XVIII e XIX. Por exemplo, em um dos textos de cozinha mais em voga na Itália na primeira metade do século XIX, *Il cuoco piemontese perfezionato a Parigi* [O chef piemontês aperfeiçoado em Paris], que era, substancialmente, uma tradução quase literal de um famoso livro de cozinha francês, as receitas de primeiros pratos, os *primi piatti*,* são apenas dezoito de 862 no total. Mas o dado curioso é que a atribuição da pasta à tradição italiana vem justamente do texto original francês. Tanto é verdade que o anônimo tradutor piemontês mostra um grande embaraço ao se apropriar dessa tipicidade, que evidentemente não lhe parece verossímil, menos ainda em relação ao norte da Itália. De resto, *vermicelli* e *maccheroni*, depois de terem sido cozidos no brodo por pelo menos meia hora, devem ser levados à mesa "em uma bacia", segundo as receitas desse singular texto franco-piemontês. Mas tem mais: mesmo nos textos de cozinha seguintes, talvez escritos diretamente por autores italianos, os *primi piatti* permanecem sendo poucos em relação ao total de receitas apresentadas e, ainda por cima, nota-se certa propensão a usar macarrão e lasanha como recheios para assados e *pasticci*, e não como *primi piatti* em si. Pouquíssimas, enfim, são as referências à pasta seca, que, evidentemente, teve muita dificuldade para atravessar as fronteiras do reino de Nápoles.

---

* Na Itália, uma refeição típica tem antepasto, *primo piatto* (primeiro prato: massa ou risoto, ou seja, um carboidrato), *secondo piatto* (segundo prato: geralmente algum tipo de carne, ou seja, proteína), além de acompanhamento e sobremesa.

Sua majestade Pellegrino Artusi e os italianos dos Estados Unidos

Chegamos à véspera da tão esperada Unificação. Em 17 de março de 1861 é proclamado o reino da Itália e, em consonância com tudo aquilo que acabamos de dizer sobre a Itália, o primeiro rei já é o segundo na numeração dos nomes — Vittorio Emanuele II —, para que todo mundo entenda imediatamente que nem é o caso de falar sobre construir um Estado novo. E à mesa será preciso esperar pelo novo século para que os menus da Casa de Savoia sejam redigidos em italiano, e não em francês. Enfim, sem incomodar *O Leopardo*, a proclamação do reino não determinou uma descontinuidade de nenhum ponto de vista, muito menos à mesa: ricos e pobres, habitantes da cidade e do campo continuaram a comer aquilo que haviam comido no dia 16 de março. A cozinha italiana continuaria a não existir e as supostas diferenças regionais continuariam a ser menos relevantes do que são hoje.

E, por fim, as regiões nem sequer existiam, no máximo podemos falar de áreas homogêneas, referindo-se ao conjunto de territórios pertencentes aos diversos Estados pré-Unificação. Ou então, ao contrário, podemos identificar alguns costumes alimentares fortemente localizados, no nível de um único centro urbano ou da comunidade rural individual. De qualquer forma, é preciso muita coragem para falar de regiões ao nos referirmos à Itália de 1861. Eu não tenho essa coragem, e, portanto, prometo a vocês que vou começar a falar de cozinha regional apenas quando chegarmos em 1970, ou seja, o ano em que as regiões são instituídas, e, por consequência, alguns célebres especialistas de gastronomia inventam a cozinha regional.

Mas voltemos a 1861. Como dissemos, o processo de afrancesamento da cozinha europeia já tinha avançado bastante, mesmo que alguns países pareçam, naquele momento, querer reagir a essa padronização. Inglaterra e Alemanha, em particular, opuseram-se em todos os campos à liderança cultural da França, e, portanto, também à mesa. É evidente que essa reação por parte da Alemanha era proveniente de um confronto econômico e geopolítico que estava se tornando cada vez mais áspero; vale lembrar que o Império Alemão só seria proclamado oficialmente em 1871, depois que os prussianos derrotaram os franceses em Sedan. E também é evidente que a Inglaterra, que se considerava (e, no fim das contas, com razão) a nação mais evoluída do mundo, não podia aceitar com serenidade uma invasão cultural como a francesa, nem mesmo do ponto de vista gastronômico.

Não havia nada disso na Itália (ou quase). Para além das proclamações e da retórica nacionalista do Risorgimento, o Reino da Itália nasceu fraco e, na mente de seus governantes, pelo visto ainda mais fraco do que realmente era. A classe dirigente que unificou o país atribuía à Itália o papel de exportadora de matéria-prima, em uma condição estruturalmente subalterna às outras economias do continente, e essa subalternidade se refletia também nos aspectos culturais, além dos políticos. De fato, no programa político da direita liberal, o progresso da Itália podia ser realizado apenas através de um processo servil de imitação em relação à Inglaterra ou à França, sem exaltar os elementos característicos que, por sinal, haviam levado o país a um estado de atraso e prostração que só não percebia quem não queria.

E assim os primeiros anos pós-Unificação se passaram sem que do ponto de vista da cultura gastronômica italiana acontecesse algo importante. A nobreza agrária continuou a imitar os modos franceses, com sua afetação ainda mais reforçada pela histórica francofilia da Casa de Savoia. A classe camponesa, por sua vez, após um breve período de lenta melhoria das condições de vida, logo foi atropelada por uma política fiscal extremamente desequilibrada, que atingia sobretudo os consumos básicos — como a famigerada *tassa sul macinato** de 1868 —, e pouco depois pela crise que atingiu a agricultura europeia a partir dos anos 1870.

Os poucos receituários publicados nas primeiras duas décadas depois da Unificação mostram claramente "o imenso poder da gastronomia e da enologia francesa" (Portincasa), ainda que não faltem receitas com uma origem local evidente e que reencontraremos em décadas posteriores (risoto à milanesa, cappelletti à bolonhesa, triglie à livornesa, pandolce à genovesa, pizza à napolitana etc.). Em alguns casos, porém, essas indicações geográficas parecem sem dúvida falsas ou pelo menos aproximativas (ovo à lucchesa, bife à veronesa, tordos à milanesa etc.). Em outras palavras, nesses primeiros anos de entusiasmo nacionalista, alguns cozinheiros ou alguns eruditos amantes da mesa parecem querer arriscar as primeiras timidíssimas tentativas de afirmar, codificar ou até mesmo inventar um primeiro rascunho de cozinha nacional, sem a pretensão, obviamente, de contrapô-la à inalcançável cozinha francesa. Podia ser um modo quase comovente de reiterar aos próprios italianos que a Itália existia e que tinha direito a um lugar só seu, ainda que marginal, à mesa do mundo. A verdade é que, quando um italiano rico queria comer bem, comia à francesa, certamente não à moda de Lucca ou Nápoles.

E nesse lago em que a água começa a ondular, em certo ponto cai, como um monólito de Stonehenge, o personagem mais improvável e menos profissional que poderíamos

---

* Instituída em 7 de julho de 1868, a *tassa sul macinato*, um imposto calculado com base na quantidade de cereais moídos (*macinato*), entrou em vigor em janeiro de 1869.

imaginar: Pellegrino Artusi, de Forlimpopoli. É inútil contar aqui para vocês, tim-tim por tim-tim, toda a sua vida, e repetir as características desse excêntrico protagonista da história gastronômica italiana. Vamos nos ater à sua obra, *A ciência na cozinha e a arte de comer bem*, publicada pela primeira vez em Florença em 1891, quando o autor já tinha 71 anos, e que teria outras quinze edições, constantemente ampliadas e corrigidas, até 1911, ano da morte de Artusi. Sobre esse livro já se escreveu muito; os estudiosos da história da alimentação, depois de tê-lo esnobado por décadas, graças sobretudo à edição crítica que Piero Camporesi organizou para a Einaudi em 1970, começaram a perceber o papel que *A ciência na cozinha* teve no processo de construção daquela coisa estranha que muitos chamam de cozinha italiana. Além disso, como o próprio Camporesi diz, "*A ciência na cozinha* fez mais pela unificação nacional do que *Os noivos*, de Alessandro Manzoni [...]. Os 'gustemas' artusianos conseguiram criar um código de identificação nacional em que os estilemas e os fonemas manzonianos falharam". Ressalto rapidamente que o interesse por *A ciência na cozinha* se reacendeu bem no início dos anos 1970; a gente sempre cai ali, mas sobre isso vou falar daqui a pouco.

Bom, celebrado como se deve o grande Pellegrino, vamos ver agora o que tem dentro do seu livro, sobretudo que ideia de cozinha está por trás dele. Essa segunda parte do tema já parece não muito fácil de desenvolver, porque não é certo que Artusi tivesse uma verdadeira e própria ideia de cozinha, e não é certo que soubesse disso. É melhor começarmos do começo. Artusi não era cozinheiro nem mesmo o que se pode chamar de um apaixonado pela ciência gastronômica. Como outros autores já notaram, havia nele um vazio completo de história da cozinha italiana, tanto que o jornalista Enrico Boni disse que *A ciência na cozinha* não era nada mais do que "a obra-prima humorística da incompetência culinária". Mas foram exatamente esses aspectos, que faziam os profissionais da cozinha e os guardiões da tradição torcerem o nariz, a base do sucesso de *A ciência na cozinha*. O público com quem Artusi falava era, em essência, a velha e a nova burguesia urbana, em todas as suas estratificações e em todas as suas disponibilidades de compra. Seu livro era um manual prático, pensado justamente para quem não era profissional, para quem, antes daquele momento, com toda a probabilidade, ainda não havia lido um livro de cozinha e, no fundo, não se importava com a tradição e a filologia gastronômica. Aliás, parece haver, aqui e ali no texto, um tipo de prazer do autor em ostentar a própria ignorância teórica, ao lado, porém, da própria disciplina prática. O paradoxo de Artusi é que sua operação cultural e comercial foi tão inteligente que não foi compreendida por seus detratores nem por seus fãs. Resta o fato de que seu papel na formação de um gosto italiano na cozinha foi absolutamente insubstituível.

O resultado dessa concretude estrutural foi um receituário nada sistemático e, como demonstraram os vinte anos seguintes, um tipo de "trabalho em curso" dentro do qual os leitores tinham quase a mesma dignidade do autor ao propor receitas e ao corrigir as já publicadas. Aquilo que é universalmente considerado o primeiro rascunho da cozinha italiana nasceu assim: de forma amadora, sem um projeto, sem uma real e consciente conexão com a tradição anterior. E não pensem que Artusi levava no peito a representação das várias cozinhas locais; ele se limitava a colocar em seu manual as receitas que conhecia ou que lhe eram sugeridas pelos leitores e que ele considerava mais aptas e mais concretamente realizáveis por uma dona de casa não profissional. Não há nenhuma intenção sistemática nem nacionalista; aliás, mais uma vez está evidente o gosto, um tanto provinciano, se assim quiserem, de propor receitas pertencentes a alguma tradição gastronômica estrangeira. Na realidade, pode-se encontrar facilmente um tipo de orgulho nacional entre as receitas, e é aquele de contrapor uma cozinha de gostos e preparações simples àquela elaborada e rica, típica da França. De fato, o autor demonstra respeito e consideração por todas as cozinhas europeias, das quais propõe várias receitas, menos pela mais renomada, a francesa. É como se Artusi, em um respeito antecipado a certa retórica fascista, quisesse reivindicar o papel de potência agrícola para a Itália, exatamente para esse país sóbrio e frugal, contraposto às potências industriais que já haviam conquistado o mundo com sua opulência e seu consumismo incipiente. Se esse papel, do ponto de vista econômico e político, deve ser reivindicado sobretudo em relação à Grã-Bretanha e à Alemanha, na cozinha só pode sê-lo em comparação com a primeira potência gastronômica mundial, ou seja, a França.

Mas a verdade é que um livro tão improvisado, escrito por um autor tão amador, é a pedra milenar da história da cozinha italiana, na qual há um Antes de Artusi e um Depois de Artusi. O livro *A ciência na cozinha* registrava as mudanças que aconteciam e, dado o seu sucesso editorial, em alguma medida era também capaz de condicionar essas mudanças. As famílias italianas, pelo menos as que gozavam de certa tranquilidade econômica, usaram o livro para diversificar a cozinha de casa. E não por acaso justamente a cozinha doméstica se tornaria a verdadeira base da cozinha italiana, tanto que essa natureza caseira seria, na segunda metade do século XX, um dos principais obstáculos ao reconhecimento internacional da nossa gastronomia, sobretudo em relação à francesa, que, ao contrário, havia nascido no setor da alimentação, ou mercado da restauração, por obra essencialmente de profissionais.

Falando nisso, vamos dar uma olhada na estrutura do livro *A ciência na cozinha*. Na sua última edição, em 1911, ele trazia 790 receitas — eram 475 na primeira edição (1891) —, divididas em 22 seções. É bom já ressaltar um aspecto fundamental: *A ciência na cozinha* é o primeiro livro de cozinha no qual as *minestre asciutte* têm a mesma dignidade que as *minestre in brodo*;* aliás, superior: são 48 *minestre in brodo* e 53 *minestre asciutte*. Trata-se de uma revolução copernicana, que em parte pode ser justificada pela obstinada vontade do autor de liberar sua obra da opressiva presença do estilo e dos gostos franceses. Ao contrário, Artusi mostra certa consideração pela cozinha alemã e sobretudo pela cozinha inglesa e, se pensarmos na situação atual, essa consideração é surpreendente de verdade. É evidente que essa atenção nasce, por um lado, das viagens que o jovem Pellegrino, comerciante de diversos gêneros, havia feito a muitos países da Europa; por outro, está intimamente ligada ao estado de submissão que a burguesia empreendedora italiana tinha em relação à potência econômica e industrial inglesa.

Quanto às receitas locais, que apresentam no nome uma explícita indicação geográfica italiana, as escolhas de Artusi são claramente ligadas à própria vida do autor, que nasceu em Forlimpopoli e passou grande parte da vida em Florença; por isso há uma forte presença de pratos da Emilia-Romagna e da Toscana. Aqueles que são chamados de "gastrotopônimos", ou seja, referências geográficas explícitas no nome da receita (lasanha à bolonhesa, nhoque à romana, triglie à livornesa etc.), são, no total, 75, que, de um total de 790 receitas, perfazem menos de 10%. Além disso, a cobertura do território nacional é definitivamente desequilibrada; se na cozinha

---

* *Minestre asciutte* são as receitas sem caldo, ou seja, secas. Referem-se geralmente à pasta ou ao risoto. As *minestre in brodo*, por sua vez, têm caldo.

do centro-norte incluirmos também a toscana, de fato, dessas 75 receitas, sessenta vêm daquela área, com apenas quinze de Roma para baixo. A primazia da chamada cozinha mediterrânea ainda demoraria muito para se manifestar.

Mas também a suposta matriz regional da cozinha italiana parece não emergir nessa fase. E agora vem a melhor parte, porque o livro de Artusi não tem sucesso apenas dentro das fronteiras nacionais: um dos principais mercados para *A ciência na cozinha*, de fato, seria desde o início o das comunidades italianas de emigrados, em particular os emigrados na América do Norte. A identificação desse livro como um tipo de texto basilar da cozinha italiana acontece do outro lado do oceano, muito antes do que na Itália. Na Itália, donas de casa o usarão sempre pelo que ele é, ou seja, um manual prático de cozinha, sem veleidades culturais ou identitárias; nos Estados Unidos, ao contrário, ele se tornaria quase imediatamente um símbolo de distinção cultural. Essas comunidades de emigrados, em forte expansão e nada amadas pelo país de acolhimento, encontrariam na cozinha um dos elementos de coesão e em Artusi um cânone compartilhado. Não por acaso muitas associações de emigrados e a própria Sociedade Dante Alighieri, que tinha por objetivo preservar o uso da língua italiana entre os emigrados, comprariam diversas centenas de exemplares do manual, isso para mostrar como Artusi tinha se tornado um instrumento de alfabetização e de afirmação cultural: estudando a língua italiana, inventava-se uma identidade gastronômica que, para todos os efeitos, ainda não existia. Ou vice-versa, inventando uma cozinha, preservava-se a língua; mas no fundo, que diferença faz?

Eis aqui, portanto, os verdadeiros protagonistas do renascimento gastronômico italiano: os ítalo-americanos, mas também os americanos, pura e simplesmente. Não é uma novidade: diversos historiadores da alimentação já precisaram reconhecer, talvez não com muita boa vontade, que grande parte da cozinha italiana nasceu na América, e que, sem esse êxodo de 15 milhões de pessoas, a cozinha italiana não teria a reputação que tem. Na realidade, sobre o tema da reputação seria o caso de dizer algumas coisas mais, porque pelo menos até a Primeira Guerra Mundial aquilo que os italianos comiam nos Estados Unidos não era particularmente apreciado pelos americanos. Pelo contrário, eu diria. Foi exatamente com a Grande Guerra que aquela nação não confiável e atrasada, que enchia o mundo de deserdados e malandros, transformou-se no heroico baluarte da democracia contra o autoritarismo dos impérios centrais. Em consequência, acabou também o ostracismo em relação àquilo que os italianos comiam.

Mas o que é que os italianos comiam na América? Aliás, antes ainda, quem eram os italianos na América? Como sabemos, a emigração italiana em direção ao continente americano entre 1875 e 1915 passou por duas fases distintas: a primeira, de 1875 a 1900, aproximadamente, viu a grande prevalência de vênetos, friulanos e lombardos, com a América do Sul como meta principal. A segunda fase, de 1901 a 1915, viu, ao contrário, crescer o número de partidas do Mezzogiorno e a América do Norte como destino privilegiado. Obviamente essas são esquematizações bem grosseiras; na realidade, muitos vênetos foram para os Estados Unidos, por exemplo, e muitos sicilianos, para a Argentina. De resto, também na segunda fase, o número total de emigrados das regiões do norte da Itália se manteve superior ao dos emigrados que partiam do sul: 4,6 milhões contra 4,1 milhões. Continuando a fazer as contas "por cima", podemos dizer que 60% dos emigrados italianos provinham do norte e 40%, do sul.

Estamos entendidos? Sessenta por cento dos italianos na América vinham das regiões do norte, Vêneto e Friuli em particular. Vocês se lembram do que dissemos algumas páginas atrás? Os vênetos eram aqueles que tinham pelagra na proporção de um em cada três e que, além de polenta, não tinham comido mais nada na vida. Azeite? Pasta? Tomate? Brincadeira, né? E não pensem que quando começaram a chegar os outros, aqueles que os próprios italianos chamavam de *terroni*, as coisas mudaram, porque ainda estamos falando de gente desesperada. É preciso ser bem claro: se a pessoa pudesse comer pasta e pizza em seu país, não iria para a América, certo? E então aconteceu uma coisa extraordinária, devido às condições particulares das comunidades italianas nos Estados Unidos, principalmente aquelas amontoadas nas muitas Little Italy das grandes cidades do norte. Dentro dessa comunidade criou-se um pequeno caldeirão itálico, que era fruto da melhoria das condições econômicas desses ex-camponeses esfomeados e da disponibilidade de produtos que em seus locais de origem não existiam ou eram destinados a poucos. A cozinha dos italianos na América se tornou, por um lado, a cozinha das coisas com que sempre haviam apenas sonhado; por outro, a fusão de usos locais diversos, que jamais na Itália teriam se encontrado, com o acréscimo de algumas comidas típicas do país hospedeiro. Assim, por exemplo, os italianos na Argentina descobriram a carne; nos Estados Unidos, os ovos, o leite e o queijo. Quase todos os camponeses do sul se tornaram, apenas na América, *mangiamaccheroni*, ou "comedores de macarrão". Em outras palavras, para os italianos que atravessaram o Atlântico, tratou-se de "uma ruptura secular no plano dietético" (Vito Teti).

A ruptura aconteceu nos Estados Unidos, mas depois muitos retornaram; ou, quando não retornavam, escreviam cartas contando o que faziam, talvez exagerando um pouco sobre a vida que viviam e sobre aquilo que comiam, mas, acima de tudo, mandavam dinheiro. Nasceu assim a nova classe dos "americanos" que levavam para as cidadezinhas do norte e do sul da Itália dinheiro, novos produtos e uma nova mentalidade, também do ponto de vista dos costumes alimentares. É inútil dizer que a classe dirigente italiana não via com bons olhos essa rendição dos costumes; a emigração era, sim, encorajada, mas que eles não sonhassem em subverter a ordem natural das coisas!

E para esclarecer uma vez mais que o consumo de pasta pelos camponeses do Mezzogiorno nos Estados Unidos era excepcional em relação ao seu regime alimentar normal, eis aqui também essa passagem do célebre romance *Os emigrantes* (1928), de Francesco Perri:

> O que eu havia deixado aqui? Miséria! Mas eu sempre tinha diante dos olhos essas horríveis ruas sujas, essas casas. Comia macarrão e bebia cerveja, e no entanto pensava na *bottega* de Porzia Papandrea.

O jovem emigrante calabrês come nos Estados Unidos o macarrão com que sempre sonhou em casa, acompanhado de uma cerveja, que também acabará por fazer parte dos hábitos alimentares italianos mais do que se possa acreditar já no início do século XX.

A cozinha italiana, enfim, se plasmou na América tanto quanto nas casas daqueles burgueses que liam Artusi e que jamais precisariam ir para a América. Criou-se um sincretismo anômalo em um diálogo contínuo em que é difícil estabelecer de que lado do Atlântico o discurso começou. Por exemplo, o macarrão (espaguete) em Nápoles era comida de rua por antonomásia, comido quase sempre com as mãos e rigorosamente sem molho; em determinado ponto, entre o fim do século XIX e o início do século XX, ganhou molho de tomate e logo se tornou comida de se comer à mesa. É difícil acreditar que essas novas modalidades de consumo sejam fruto de uma evolução completamente interna; é mais fácil pensar que o resgate social do macarrão aconteceu antes na América e então voltou à sua terra natal. De resto, para dizer com as palavras do historiador calabrês Vito Teti: "As populações meridionais se tornarão, de forma concreta e estável, 'comedores de pasta' na América e com a emigração". O mesmo pode ser dito sobre a pizza, que em Nápoles era outra típica comida de rua *ante litteram*; ainda que na capital da Campânia algumas (poucas) pizzarias com mesas já existissem desde a metade do século XIX, e provavelmente fossem trattorias nas quais se podia comer pizza, essa especialidade era consumida quase sempre na rua. O primeiro verdadeiro local exclusivamente dedicado à produção e ao consumo de pizza nasceu em Nova York, em 1911.

Afinal, como já dissemos, os italianos emigrados compraram muitos exemplares de Artusi e com esse manual formaram boa parte de suas competências gastronômicas, que então foram transferidas aos vários restaurantes italianos espalhados pelo mundo. É óbvio que utilizando os ingredientes que tinham à disposição. E também a tradução ítalo-americana das comidas que na Itália eram típicas de festa, e que na teoria poderiam ter se tornado comidas da cotidianidade no novo contexto mais rico, na realidade se concretizou quase sempre em novos pratos, totalmente inventados: os camponeses emigrados não conheciam certos pratos a não ser de ouvir falar, e agora estavam na condição econômica de poder prepará-los sem saber de verdade como. Eles o faziam de memória ou confiavam a tarefa ao sempiterno Artusi. O resultado foi uma cozinha nova, que está na base daquela que hoje chamamos cozinha italiana. Enfim, como dizíamos no começo, a cozinha italiana nasceu na América, não menos do que nasceu na Itália.

A cozinha, para os italianos no mundo, tornou-se, portanto, elemento de distinção, de integração, de resgate e, de certo momento em diante, também de negócios. Como dissemos, este último aspecto, porém, só começará a ficar relevante depois da Primeira Guerra Mundial. Mas justamente a forte presença de italianos na América foi o que criou as bases para a futura lenda gastronômica italiana: certos pratos (pensemos na pizza, por exemplo) se tornaram italianos por antonomásia, não porque o fossem de verdade, mas porque os italianos pelo mundo eram muito mais numerosos do que os gregos, os espanhóis ou os turcos, que, por direito, também podiam ter tradições alimentares semelhantes.

Do fascismo ao boom econômico

Vamos recapitular. Entre o fim do século XIX e o início do século XX, acontecem muitas coisas: a burguesia urbana em expansão, graças à decolagem industrial da era giolittiana, ambiciona uma melhora dos próprios consumos, inclusive os alimentares, e um livro como o de Artusi responde perfeitamente a essa necessidade; a emigração e o desenvolvimento econômico permitem que muitas famílias camponesas, por sua vez, elevem seu próprio padrão de vida, e o contato com sistemas alimentares diversos e com a nascente sociedade de consumo dos Estados Unidos influenciará de forma importante a evolução alimentar dessas populações historicamente esfomeadas; por fim, a guerra dará um novo status internacional à Itália e aos italianos, com a superação dos preconceitos, não de todo injustificados, sobre o nível de civilização do nosso país.

Nesse contexto, irrompe o fascismo; já deixo claro que não é minha intenção escrever um tratado sobre as origens do fascismo e sobre a crise do Estado liberal. Partamos do princípio de que tudo isso é conhecido, porque já dediquei linhas demais aos cenários históricos que servem de fundo às nossas histórias gastronômicas. Do ponto de vista econômico e em particular dos consumos, o período que vai de 1918 a 1945 foi particularmente articulado e complexo. A economia de guerra e a sucessiva crise pós-bélica representaram um considerável atraso no padrão de vida e na dieta dos italianos, mas a retomada foi bastante veloz e a Itália conseguiu engatar a expansão econômica internacional dos anos 1920, praticamente zerando o desemprego, mas continuando com uma renda per capita de menos da metade da inglesa e da dos Estados Unidos. A crise de 1929 e a consequente Grande Depressão foram um novo passo para trás, e a entrada na guerra em 1940 esmagou de vez o país. Os cinco anos de guerra, enfim, foram tão desastrosos que fizeram os italianos reviver o pesadelo da fome, que tinha praticamente desaparecido pelo menos meio século antes.

Este é o desenvolvimento dos consumos do ponto de vista quantitativo; mas e do ponto de vista qualitativo, o que acontece entre as duas guerras? Na realidade, pouco ou nada. Porém, no plano da retórica e da invenção da tradição, acontece alguma coisa; aliás, muita coisa. A propaganda do regime, de fato, desde o começo se dirigia a uma identificação da atualidade com o passado mais ou menos glorioso das várias regiões da Itália e em particular com a abundância da romanidade. Nessa perspectiva, tudo dava um caldo: toda referência ao passado que pudesse demonstrar uma primazia italiana qualquer era celebrada e enfatizada. O lugar de grande potência que a Primeira Guerra Mundial tinha dado à Itália não era apenas fruto do sacrifício e do trabalho dos italianos de hoje, mas também da história milenar que unia Júlio César e Mussolini.

Além disso, o progresso industrial do país andava lado a lado com a exaltação dos valores tradicionais da sociedade camponesa, que obviamente não podia ser aquela do fim do século XIX, esfomeada e obrigada a fazer com que seus filhos emigrassem para a América, mas uma nova, um pouco mais sólida do ponto de vista econômico e com outras tradições também alimentares a serem defendidas e reforçadas. Então, no que se refere à cozinha italiana, para usar uma terminologia pedagógica, se a era giolittiana tinha sido a fase de assimilação de novos costumes, as duas décadas fascistas poderiam ser definidas como a fase de acomodação. Formas cada vez mais opressoras de construção de consenso em torno de conceitos e valores que faziam referência explícita à tradição agrícola levaram à identificação de alguns pratos e algumas comidas como símbolos da própria nação. Vinhos, queijos, pasta, pão se tornaram cada vez mais as representações concretas de uma cultura que desejava ser ao mesmo tempo moderna e tradicional. E assim se multiplicaram os consórcios, as festas, as *sagre** e os momentos de partilha ligados a um alimento específico, em torno do qual havia o desejo de que uma comunidade específica fosse reconhecida.

Tudo muito belo e sugestivo, vamos falar a verdade. Se não fosse por aquela cansativa presença de camisas-negras, seria difícil distinguir esse esforço cultural daquilo que muitas administrações locais e muitas associações espontâneas organizam e financiam nesses nossos anos. O problema é que de 1929 em diante as coisas foram ficando cada vez piores: é inútil constituir a mais poderosa máquina de propaganda já vista no mundo; é inútil projetar os cinejornais do Instituto Luce com Mussolini sem camisa colhendo trigo; é inútil inaugurar com grande pompa a *sagra* da uva de Marino ou a de Cupramontana; é inútil maldizer as plutocracias ocidentais que aplicam à Itália proletária e camponesa sanções tão desiguais, mas se as lojas de alimentos estão cada vez mais vazias e os envelopes com pagamento em dinheiro estão cada vez mais leves,

---

* *Sagra* (no plural, *sagre*) é o evento em celebração a determinado alimento. *Sagra dell'uva*, por exemplo, é a festa da uva.

então fica quase automático relacionar a crise com esses modelos econômicos e alimentares e com quem os apoia. E quando chegar a guerra, a equação "sociedade tradicional = fome" certamente será inevitável. O confronto com a superpotência tecnológica e alimentar dos Aliados, dos americanos em particular, será impiedoso e, em alguns aspectos, chocante.

A guerra e a fome são monstros horrendos. O regime fascista foi justamente considerado responsável pelo desastre que levou o país a uma condição comparável à de cem anos antes. A raiva popular esmagou o fascismo e, com ele, toda a retórica e a cultura que de alguma forma faziam parte dele. A reconstrução pós-bélica italiana começou a partir daí, de uma recusa do passado e de uma adesão quase religiosa aos novos modelos econômicos de consumo que haviam chegado por meio dos salvadores americanos. Claro, os recursos eram o que eram; as intervenções da Administração das Nações Unidas para Assistência e Reabilitação (UNRRA, na sigla em inglês) e o sucessivo Plano Marshall resolveram o problema imediato do pão, mas seriam necessários alguns anos até que se voltasse ao nível dos consumos pré-bélicos, que já não eram entusiasmantes. A verdade é que, se a passagem de um modelo econômico e social tradicional para um modelo industrial e consumista seria inicialmente lenta, a adesão cultural a esses novos ideais seria quase imediata, sobretudo nas grandes cidades.

A alimentação muda mais devagar que a moda, mas também mais lentamente do que o clima cultural; o personagem Nando Mericoni, na famosa cena de *Um americano em Roma*, come (ou melhor, "destrói") os "maccaroni", recusando "leite", "iogurte", "geleia" e "mostarda", mas essa caricatura interpretada pelo ator Alberto Sordi continua sendo a de um novo italiano que realmente existia e que considerava os Estados Unidos o modelo em todos os pontos de vista, até o alimentar.

Assim, a cozinha dos italianos sofreu uma nova mutação genética. Novos pratos se tornaram tradicionais, e talvez o caso mais gritante esteja ligado justamente a Roma: o famoso espaguete à carbonara, nascido logo após a Segunda Guerra Mundial, para todos os efeitos era americano, pelo menos nos ingredientes, que de fato eram fornecidos pelas tropas de ocupação. Eu diria que o espaguete à carbonara não é nada além de um típico café da manhã americano (ovos e bacon), com a adição da pasta.

Mas foi precisamente o extraordinário crescimento econômico que teve início na segunda metade dos anos 1950 o que tornou evidente essa ruptura com o passado. Os italianos enchiam a boca com produtos novos, em particular com uma palavra nova: "boom", que já dizia tudo. Dizia principalmente que os vínculos seculares que haviam impedido as classes pobres italianas de crescer, elevar seu padrão de vida e a própria dieta cotidiana tinham sido finalmente superados. A refeição do rico e a refeição do pobre ficaram muito mais parecidas, como jamais haviam sido. A chegada da geladeira às casas, por exemplo, permitiu um planejamento das despesas, e, portanto, das refeições, no espaço de mais dias, e uma diversificação de alimentos que antes eram absolutamente inimagináveis.

Um país extraordinariamente jovem, com a lembrança da fome ainda bem presente na memória, decidido a representar o seu papel no novo contexto mundial e a deixar para trás aquela imagem de atraso que já o caracterizava havia vários séculos: essa era a Itália do boom, disposta a apostar até mesmo as próprias tradições. Aliás, em muitos casos, como dissemos, a fome do passado recente era identificada exatamente com aquelas tradições. A ruptura com o passado agrícola era clara e foi bastante repentina, as tradições à mesa sobreviveram provavelmente no que se referia à comida de festa, mas, de resto, o menu familiar de todos os dias mudou radicalmente. O aparecimento da carne e de muitos alimentos embalados por certo foram os elementos mais visíveis dessa revolução.

Uma revolução alimentar que foi veiculada e ao mesmo tempo consagrada pela recém-nascida televisão estatal através do programa de TV *Carosello*. E talvez não tenha sido por acaso que esse programa tão bem-sucedido, feito apenas de publicidade, tenha ido ao ar pela primeira vez em 1957 (às vésperas do boom econômico) e pela última vez em 1977 (em plena crise dos anos 1970). Para além dos modelos de consumo que *Carosello* difundiu nesses vinte anos em todos os aspectos da vida dos italianos, do ponto de vista estritamente alimentar é evidente que essa transmissão representou o triunfo da indústria e das comidas prontas sobre o sistema doméstico-artesanal que havia sido dominante até aquele momento. E assim se difundiram produtos totalmente novos ou quase novos, como a carne enlatada, os cubinhos de caldo ou a margarina, mas também tipologias de produtos absolutamente estranhas à tradição italiana, como os *twinkies* ou os *crackers*: para não falar dos queijinhos fundidos, do leite condensado, dos refrigerantes, do óleo de sementes etc. Contribuiu-se, assim, para a modificação da dieta dos italianos e para reforçar ainda mais a convicção geral de que aquilo que era moderno e industrial era bom e saudável, enquanto o que remontava ao passado era menos nutritivo, menos equilibrado, menos seguro e, portanto, pior.

O mais surpreendente, no entanto, é que a indústria turística, ela também conhecendo uma verdadeira explosão, por muito tempo não veria na valorização das comidas tradicionais (incluindo os vinhos) um fator de competitividade e de atração. Até o início dos anos 1980, aos alemães, aos holandeses, aos austríacos e aos suíços, mas também aos italianos, que enchiam os hotéis da Riviera adriática, sempre eram propostos apenas menus padronizados e baseados em uma ideia monótona e completamente inventada de cozinha italiana, que obviamente não podia contemplar nenhuma variante regional. É só pensarmos que nos guias turísticos dos anos 1950 e 1960 não é citado nenhum restaurante ou bar da Emilia-Romagna em que se pudesse comer uma *piadina*.

Foi justamente a descoberta do tempo livre, uma novidade absoluta para os italianos, que se tornou um momento de transformação gastronômica. Nos anos 1960 se multiplicavam as ocasiões para organizar uma *gita fuori porta* — um piquenique — de Vespa ou de Fiat 600, e a comida lentamente se transformou: se no começo prevaleciam os sanduíches com vários frios ou queijo, no fim da década já tinha se imposto a salada de arroz, verdadeira invenção gastronômica que vem do sul; favorecida, ela também, pela difusão da geladeira.

O grande salto adiante

E estamos nos fatídicos anos 1970. Quase, na realidade, porque antes precisamos dizer algo sobre aqueles poucos pioneiros que já nos anos do boom e durante os anos 1960 tentaram obstinadamente identificar, e no caso preservar, as tradições gastronômicas italianas, contrapondo-se ao desejo dominante por novidades e ao modelo de alimentação proposto por *Carosello*. Para vários desses personagens, homens de cultura, jornalistas, escritores e poucos profissionais do setor, essa atitude era muitas vezes um capricho, um tipo de reação esnobe à suposta vulgaridade imperante dos novos-ricos e da nova classe média. Vergani, Buonassisi, Buzzati, Alberini, mas especialmente Veronelli, foram os vários promotores de um tipo de resistência que até meados dos anos 1970 foi uma resistência desesperada, porém não sem momentos heroicos. Como o célebre banquete histórico organizado em 1961 em Mântua, na Sala dos Cavalos do Palazzo Te, por ocasião da exposição de Mantegna. Dando uma olhada no incrível menu daquele almoço, que compreendia 35 pratos, vê-se claramente como a história era ajeitada para o uso e o consumo de uma tradição ainda a ser inventada. Pratos como Consommé Isabella d'Este, Agnolotti alla Buonaccolsi (sic), Conchiglie alla Barbara di Brandeburgo ou Anguille alla San Giorgio não tinham relação alguma com a cozinha de Mântua. O próprio Cappone alla Stefani, que hoje se pode apreciar em todos os restaurantes de Mântua, e não apenas lá, foi uma bela invenção que nenhum mantuano conhecia antes daquele célebre banquete.

Os guardiões da tradição, verdadeira ou presumida, transformaram-se em rabdomantes que iam exumar pratos e vinhos nas mais remotas trattorias do interior ou nas fazendas ainda geridas por camponeses refratários a qualquer inovação. Os guias de restaurantes que lentamente se difundiam pela Itália começaram a registrar uma progressiva homologação ao estilo francês de Escoffier também no setor da alimentação, mas o grupo que se reunia na redação da revista *Cucina Italiana* ou que fazia parte da Accademia Italiana della Cucina seguia em busca de propostas alternativas, que de alguma forma rompessem com aquela que era considerada uma moda que terminaria por achatar tudo. Por outro lado, os italianos que viajavam continuavam a escolher o restaurante em que comer sem consultar o *Guia Michelin*, e sem, muito menos, seguir as indicações de Veronelli, mas ainda parando nas trattorias com mais caminhões estacionados na frente...

Mas estava chegando o momento da vingança para esses heróis da resistência gastronômica. Todo o desejo por novidades e pela indústria que havia conquistado os italianos também à mesa nos vinte anos que vão de 1955 a 1975 quase que de repente abriu caminho para dúvidas e questionamentos absolutamente inesperados. Entre crises petrolíferas, desastres ambientais, austeridade, terrorismo, lutas em praças públicas, nas universidades e nas fábricas, o despertar desse sonho ininterrupto de crescimento e bem-estar sem custos não podia ser mais brusco. Na realidade, todo o Ocidente industrializado foi atravessado por tempestades históricas que abalaram suas bases econômicas e culturais. Mas se nos países com as mais sólidas raízes liberais e democráticas essa crise se tornou a oportunidade para investir e transformar as próprias estruturas produtivas, sem comprometer a adesão a uma ideia de progresso baseada na inovação e na pesquisa, na Itália a crise dos anos 1970 pôs em discussão o próprio papel da indústria como fator de crescimento não só econômico, mas também social e cultural.

Eis-nos aqui com os vaga-lumes. Daqui é preciso retomar a história daquela que hoje o mundo todo chama de "cozinha italiana". Não me chamem de louco (ou melhor, podem me chamar de louco, há muitas razões para isso), mas sim, estou falando exatamente dos vaga-lumes de Pier Paolo Pasolini.

> No começo dos anos 1960, por causa da poluição do ar e, sobretudo, no campo, por causa da poluição da água (os rios azuis e os canais transparentes), os vaga-lumes começaram a desaparecer. O fenômeno foi fulminante e fulgurante. Poucos anos depois, não existiam mais vaga-lumes.

Após essa imagem poética que alude às mudanças ambientais e sociais sucedidas na Itália em pouquíssimo tempo, Pasolini passa à análise política e econômica de tais mudanças:

Os "valores" nacionalizados e, portanto, falsificados, provenientes do velho universo agrícola e paleocapitalista, de repente não contam mais. Igreja, família, obediência, ordem, poupança, moralidade não contam mais. E não servem mais nem mesmo enquanto falsos. [...] Como substitutos a eles, estão os "valores" de um novo tipo de civilização, totalmente "outra" em relação à civilização camponesa e paleoindustrial. Essa experiência já foi feita por outros Estados. Mas na Itália ela é totalmente particular, porque se trata da primeira "unificação" real sofrida pelo nosso país [...].

E continua:

Na Itália [...] a industrialização dos anos 1970 constitui uma "mutação" decisiva também em relação àquela alemã de cinquenta anos antes. Não estamos mais, como todos já sabem, diante de "novos tempos", mas de uma nova época da história humana, daquela história humana cujos prazos são milenares. Era impossível que os italianos reagissem pior do que isso a tal trauma histórico. Eles se tornaram em poucos anos (sobretudo no centro-sul) um povo degenerado, ridículo, monstruoso, criminoso. Basta sair às ruas para compreender isso. Mas, é claro, para compreender as mudanças da gente, é preciso amá-la. Eu, infelizmente, a essa gente italiana, amei: tanto fora dos esquemas do poder (aliás, em oposição direta a eles) quanto fora dos esquemas populistas e humanitários. Tratava-se de um amor real, enraizado no meu modo de ser. Então eu vi "com os meus sentidos" o comportamento imposto pelo poder dos consumos recriar e deformar a consciência do povo italiano, até uma degradação irreversível.

Pasolini escreveu tudo isso em fevereiro de 1975, que não foi exatamente um ano qualquer na história econômica italiana porque o acordo sobre a escala móvel* daquele mesmo mês, de alguma forma, certificava a crise da grande indústria e da classe dirigente do país: a primeira renunciou a uma corajosa política de investimentos em troca da paz sindical no interior das fábricas; a segunda renunciou ao seu papel de guia em troca da certeza de sobreviver a si mesma. O acordo só funcionava se fosse ativada uma espiral de inflação-desvalorização, na qual a maior vítima foi a competitividade do país. Sim, está bem, vocês vão dizer, mas a gente não tinha que falar de cozinha? O que tudo isso tem a ver com o lardo de Colonnata, o Parmigiano Reggiano e o tomate de Pachino? Calma, vamos chegar lá.

O fato é que Pasolini registrava com sensibilidade e precisão as transformações que aconteceram na sociedade italiana nos vinte anos precedentes. Do seu ponto de vista, que era aquele de um crítico obstinado e profundo em relação à classe dirigente que havia governado de forma contínua naqueles anos, essas transformações eram exclusivamente negativas: o poder do consumo havia recriado e deformado a consciência dos italianos. Mas Pasolini viveria poucos meses e não teria a possibilidade de entender e interpretar aquilo que estava acontecendo exatamente naqueles fatídicos anos 1970. Pelo menos a partir da crise petrolífera de 1973, a grande indústria italiana (não só a italiana, na verdade) entrou em uma longa fase de dificuldades, que na prática lhe tomou o papel de guia no processo de inovação que acontecia no país. Os conflitos em fábricas, que já haviam explodido no famoso Outono Quente de 1969, estavam mostrando de forma totalmente crua os custos sociais

---

* *Scala mobile*, no original: sistema de ajuste automático de salários.

da industrialização. E dali a pouco os italianos começariam a se questionar também sobre os custos ambientais, com o desastre de Seveso, em 1976, como momento decisivo nessa posterior tomada de consciência.

O resultado dessa época complicada foi, em nível macroeconômico, a interrupção definitiva do extraordinário crescimento de lucros que havia caracterizado a economia italiana por mais de 25 anos, praticamente sem solução de continuidade; com a crise petrolífera de 1973, de fato começaria um longo período em que breves fases de crescimento, até explosivo, do PIB se alternariam com fases de lentidão ou de verdadeira recessão. Em nível político e cultural, o fim da ilusão de um crescimento infinito, unido aos já citados conflitos sociais e aos custos ambientais, faria com que desaparecesse a confiança dos italianos no poder catártico da grande indústria como principal via para o progresso e para o resgate social e, inversamente, na classe operária como principal componente dinâmico do país. Não é por acaso que, exatamente nesse período, começariam os estudos sobre a chamada "Terceira Itália", sobre aquela industrialização leve que, na teoria, não deveria conduzir às contradições da grande fábrica, e por fim sobre os distritos industriais como uma alternativa real e eficiente, toda italiana, à grande empreitada de estilo fordista.

Nas palavras de Pasolini: o povo que pior havia reagido às mudanças induzidas pelo desenvolvimento industrial e pelo chamado consumismo seria aquele que pior reagiria à crise daquele modelo de desenvolvimento. A troca que havia resistido até aquele instante — incremento do bem-estar (leia-se: consumo) em troca da perda de identidade — não se sustenta mais. E a longa época das reformas fracassadas apenas aumentaria a desconfiança dos italianos nas instituições, em particular as centrais.

Chegamos ao ponto importante. Aquilo que, para um país como a Itália, que naquele momento já estava firmemente entre os primeiros dez países mais industrializados do mundo, deveria ter a função de tecido conectivo da economia (pequenas empresas, artesanato, trabalho em domicílio, setores tradicionais, agroalimentar etc.), se torna ou é percebido como sua espinha dorsal e, sobretudo, se torna o instrumento através do qual se tentava reconstruir a base do consenso e da legitimação política. Iniciou-se, entre o fim dos anos 1970 e a metade dos anos 1980, a fabulosa epopeia de "o pequeno é belo", em que se glorificava tudo o que não era grande empresa e, portanto, também "energias individuais desenfreadas, ausência de controles, referências pré-industriais [...], disponibilidade de capitais de derivação agrícola, autoridades locais consencientes, evasão fiscal quase codificada" (Sergio Anselmi). Se até o fim dos anos 1960 essa realidade policêntrica e de certo modo caótica era vista como um legado do passado pré-industrial, dez anos depois se tornava a panaceia capaz de cuidar do mal profundo da economia italiana.

Cuidar de verdade da economia italiana provavelmente seria pesado demais; a breve época do reformismo, representado pelo governo de solidariedade nacional, foi interrompida pelo assassinato de Aldo Moro e pela incapacidade do Partido Comunista Italiano (PCI) de resistir à oposição da esquerda, e da Democracia Cristã (DC) de resistir à oposição da direita.

E assim começou a época dos atalhos, todos os possíveis e imagináveis: a nacionalização através do Instituto para a Reconstrução Industrial (IRI) se tornou a solução de todas as crises industriais e a escala móvel, de todas as vertentes salariais; mas ao mesmo tempo veio a ilusão de que o artesanato, o turismo e a despesa pública pudessem ser a base para um novo desenvolvimento sem conflitos e sem custos sociais e ambientais. Nesse meio-tempo, haviam sido instituídas as regiões, e qual ocasião melhor do que essa para implementar políticas regionais de desenvolvimento turístico, baseadas também na tipicidade?

Eis então que os estudiosos de cozinha inventaram aquele monstro lógico (e ideológico) que é a cozinha regional italiana. Se a cozinha italiana não existe, imagine se pode existir uma coisa como a cozinha regional; no fundo, o Estado italiano havia nascido mais de um século antes, enquanto as regiões tinham apenas alguns meses. De fato, nos guias gastronômicos dos anos 1950 e 1960 os menus dos restaurantes pertencem a três grandes categorias: cozinha nacional, cozinha bolonhesa e cozinha napolitana. Por "nacional", paradoxalmente, se entendia uma proposta mais adepta ao modelo francês (talvez com alguma concessão artusiana), enquanto com "bolonhesa" e "napolitana" se desejava apenas ressaltar a excelência no que se refere aos pratos verdadeiramente italianos. Bolonha e Nápoles eram universalmente consideradas as capitais da gastronomia italiana, mas não havia nenhuma intenção geográfica, com certeza não regional, nessa definição.

Enquanto Anna Gosetti della Salda, no fim dos anos 1960, imprimia seu livro *Le ricette regionali italiane* [As receitas regionais italianas] e pouco depois Carnacina e Veronelli publicavam a sua monumental obra *Cucina rustica regionale* [Cozinha rústica regional], seguidos por crescentes grupos de emuladores, financiados pelos assessores de Cultura e Turismo das recém-nascidas regiões, entra em cena um fisiologista americano que entregava em uma bandeja de prata, a políticos preguiçosos e a estudiosos tão zelosos, a solução de todos os seus problemas: a dieta mediterrânea. Na realidade, Ancel Keys, de quem falamos brevemente na Introdução, e sua mulher, Margaret, haviam inventado a dieta mediterrânea muito tempo antes, perto do fim dos anos 1950; a descoberta, com efeito surpreendente, de que uma população subnutrida não apresentava problemas de colesterol e patologias coronárias que, ao contrário, eram registrados já de forma relevante entre os ricos e gordos norte-americanos, levou a dupla de estudiosos a aprofundar o conhecimento de regimes alimentares dos países banhados pelo Mediterrâneo, mas não só; seus estudos se estenderam até o Japão. Daí nasceria um livro cuja primeira edição italiana é de 1962. O fato é que, para além das imprecisões e dos entusiasmos fáceis em relação àquilo que os povos do Mediterrâneo comiam, a pesquisa conduzida pelo casal Keys não tinha o objetivo de investigar as origens de uma cozinha específica, mas sim, de forma muito mais concreta, o de fornecer algumas indicações dietéticas para melhorar o estado de saúde geral de um indivíduo. Os Keys inventaram receitas para o seu livro e certamente não quiseram se referir apenas à Itália, em relação à proveniência dos ingredientes, mas, justamente, a toda a bacia do Mediterrâneo. Em última análise, a proposta deles era substituir as gorduras animais pelas vegetais e comer mais verduras e mais peixe.

Nada pelo que valesse a pena gastar mais do que um artigo de jornal ou mais de uma reportagem no telejornal da noite. E foi realmente desse modo que o estudo de Keys foi acolhido em todos os países mediterrâneos. Mas, como já dissemos, para nós a ocasião era muito apetitosa para deixarmos escapar: ela permitia que construíssemos uma mitologia sobre a comida italiana, declarássemos que ela não apenas sempre foi boa, como fazia bem. E não éramos nós, italianos, que dizíamos isso: eles tinham vindo dos Estados Unidos para dizê-lo. Pouco importa se grande parte dos italianos jamais tinha praticado a chamada dieta mediterrânea, primeiro porque eram pobres demais ou setentrionais demais, e nos anos mais recentes porque esse era um regime pouco moderno e pouco "americano". E não importa se os Keys, como dissemos, não tinham nenhuma intenção de se referir apenas à Itália. Nós nos apossamos dessa ideia como Napoleão fez com a coroa de ferro: nós a recebemos de Deus, e que ninguém ousasse tocá-la. O fato de o livro dos Keys ter permanecido quase que desconhecido na Itália por mais de dez anos, mesmo já tendo sido traduzido e distribuído, é a prova final da artificialidade dessa operação: marketing, nada mais nada menos.

Outro momento de transição é representado pelo terrível escândalo do vinho com metanol que abalou a indústria enológica italiana na metade dos anos 1980. As autoridades, bem como os próprios consumidores, perceberam que nossas produções agroalimentares não eram de forma alguma seguras do ponto de vista sanitário. Para sair daquela crise, que era sobretudo uma crise de imagem e de credibilidade também em nível internacional, era necessária, além do incremento dos controles, uma atenção maior à qualidade por parte dos próprios produtores. Tudo isso, porém, não bastava: ainda era preciso recuperar uma virgindade, e o caminho mais simples para alcançar esse objetivo parecia ser inventar um passado diferente e mais confortável para a maioria desses produtos. E quanto mais se conseguisse demonstrar que essa história era longa e gloriosa, tanto mais o consumidor se sentiria reconfortado.

A partir daquele momento, o processo não se interrompeu mais. O coquetel explosivo de regionalismo, busca pela saúde e crise do modelo industrial pôs em movimento a máquina da invenção da tradição, que na prática não parou mais. Os estudos sobre os produtos individuais ou sobre as tradições gastronômicas dos vilarejos mais remotos de montanha, colina, planície, lago e mar se multiplicaram a olhos vistos. Cada prefeito, cada presidente de província e cada governador de região queriam o seu prato típico, a sua *sagra*, geralmente antiquíssima, e uma associação para defender (de quem?) aquele determinado produto. Empreendedores espertos farejam o negócio: a palavra de ordem se tornou "excelência". A Itália se encheu de excelências cuja existência havíamos ignorado até poucos dias antes e cuja perda seria uma tragédia nacional, ou pelo menos regional, provincial, comunal. Depois chegaram as sensibilidades ambientais e econômicas, e então foram lançadas novas palavras de ordem: "biodiversidade", "luta contra multinacionais" e, finalmente, "território".

Eis aqui a palavra mágica: território. Segundo uma vulgata já de uso comum, a Itália seria feita de territórios, e a gente nem percebe a autoironia que se esconde por trás dessa definição. Como se a Espanha, a Alemanha e a França, por exemplo, fossem feitas de satélites ou, pelo contrário, fossem uma única entidade homogênea do ponto de vista cultural e alimentar. Não, apenas a Itália é feita de territórios, com o paradoxo de que, para certificar essa realidade, através dos selos de qualidade e dos relativos regulamentos,* se negam as diferenças e padronizam-se os procedimentos, que, não obstante, quando sobreviviam, eram fruto de tradições não codificadas e geralmente transmitidas de forma oral. Este é o ponto: a cozinha italiana que nasce a partir da segunda metade dos anos 1970 é um tipo de Jurassic Park. Sabe aquele famoso filme de Steven Spielberg? Vocês sem dúvida vão se lembrar dos cientistas inescrupulosos que pegavam fragmentos de DNA de dinossauros, miraculosamente conservados, e os uniam a DNA de répteis vivos para trazer o tiranossauro e o brontossauro de volta à vida. É isso, com a cozinha italiana

---

* *Disciplinari di produzione*, no original: trata-se, no Brasil, dos "cadernos de especificações técnicas", conforme nomenclatura usada pelo Instituto Nacional da Propriedade Industrial (INPI) em substituição a "regulamento de uso". Nesta tradução, no entanto, optamos por "regulamentos", termo mais comumente empregado por profissionais do setor da alimentação.

foi feita mais ou menos a mesma coisa: pedaços de tradições ou de histórias já perdidas foram enxertados na nova sociedade, que já não tinha nada a ver com aquelas tradições. Tudo foi manipulado em nome de um mito a ser construído e do turismo de massa. E por isso as trattorias e os restaurantes se transformaram em osterias ou, com uma frequência cada vez maior, em hostarias, porque mais cedo ou mais tarde se manifesta o DNA charlatão dos italianos que iam dormir depois do *Carosello*...

E a operação é um sucesso. Com certeza aqui também houve uma contribuição dos italianos espalhados pelo mundo, que enxergaram nesse renascimento das tradições um elemento a mais de identificação e distinção. Muitos deles ainda encontraram uma chave econômica de certa relevância, multiplicando os restaurantes italianos abertos em toda esquina da Terra e assim favorecendo o fortalecimento do mito. Na Itália, nesse meio-tempo, multiplicavam-se escolas de cozinha, consórcios, até mesmo cursos universitários. O marketing territorial se tornou a base para toda política de desenvolvimento local, e a valorização das tradições enogastronômicas representava seu elemento principal. Preciso dizer ainda que essa atenção à comida de qualidade, verdadeira ou presumida, encontrava uma demanda que já era muito alta e estava em constante crescimento em todo o Ocidente desenvolvido.

Hoje basta ligar a TV a qualquer hora para tropeçar em um dos tantos programas de cozinha de vários gêneros, voltados a todo tipo de público, de crianças a idosos. Então, o sucesso da cozinha italiana e a reputação que ela soube construir para si em pouco mais de quarenta anos se beneficiaram de um clima internacional particularmente favorável; no entanto, o esforço feito em nível institucional continua sendo, sem dúvida, relevante. É óbvio que esse sucesso em parte escondeu o declínio geral do país, e também é evidente que a gastronomia e o turismo foram identificados por muitos, se não por todos, como elementos centrais de uma resposta a tal declínio.

Porém, diante de uma crise estrutural que não abrange só a nossa indústria, mas, eu diria, de forma mais geral a nossa economia e o nosso sistema socioinstitucional, suspeito que apostar em um setor econômico como o enogastronômico e turístico-cultural seja, no fundo, o enésimo atalho que nos leva a um beco sem saída. Buscar as causas profundas dessa crise e, sobretudo, as soluções em uma lógica global é sem dúvida difícil demais e obrigaria, em última análise, que fossem radicalmente revisadas as convicções econômicas hoje correntes, tanto de direita quanto de esquerda. E, por outro lado, creio que não seja atraente para ninguém a imagem de uma Itália reduzida ao status de parque de diversões ou de imensa vila turística, ou então a uma imensa Veneza, onde o morador canta as odes e a poesia da Tradição para deleite do turista rico, ontem alemão, hoje russo, amanhã chinês e depois quem há de saber...

2.
Mentiras esculpidas em Carrara

Vamos ser bem diretos: Colonnata, fração de Carrara, é realmente um lugarejo sugestivo, que merece um passeio com comida inclusa: refeição à base de lardo produzido na região, em um dos ótimos restaurantes locais. Esclarecendo: excluídos aqueles 95% de lardo de Colonnata que pode facilmente ser comprado nos supermercados de meio mundo e que em geral não tem nada de especial, os 5% restantes são um produto extraordinário, uma daquelas comidas pelas quais vale a pena ter nascido. É óbvio que uma charcutaria tão boa, obtida com um procedimento muito complexo, deve com certeza ser fruto de um saber sedimentado no território há sabe-se lá quanto tempo.

Pronto: então, há quanto tempo? Nem mesmo depois de ter consultado a já vasta bibliografia sobre o lardo de Colonnata é fácil responder a essa pergunta. A história do produto parece ser uma curiosa colcha de retalhos em que tudo dá um caldo: começa com escravizados que trabalhavam nas cavernas de mármore na era romana, prossegue com Michelangelo Buonarroti e chega aos anarquistas de Carrara do fim do século XIX. Em resumo, tudo aquilo que pode vagamente representar um aspecto típico daquele canto da Toscana é enfiado de algum modo na história do lardo.

Vamos tentar organizar esse caldeirão e ver o que descobrimos. Bom, ao que parece os escravizados que trabalhavam nas cavernas das quais se extraía o mármore destinado aos edifícios monumentais e às estátuas da Roma imperial eram nutridos com o refinadíssimo lardo. Pode parecer um fato óbvio, já que eles precisavam consumir alimentos muito energéticos para poder exercer diariamente um trabalho pesadíssimo. Sabemos, porém, que a carne representava um luxo até para os próprios cidadãos romanos e que no século IV, por exemplo, os legionários precisaram ameaçar um tipo de deserção em massa para obter a distribuição de carne suína a cada três dias. Afirmar, portanto, que uma comida muito cara e desejada poderia acabar no prato dos escravizados é certamente anacrônico, para não dizer algo pior.

Segundo alguns, de modo a atestar a antiga prática da criação e do abate de suínos em Carrara e entornos, haveria também o culto local de santo Antônio Abade, protetor dos animais domésticos e tradicionalmente retratado junto com um porco. Mas, benditos amigos, existe algum lugar na Itália (ou talvez no mundo) onde o culto de santo Antônio Abade não esteja presente?

Ah, haveria também o fato de a igreja de Colonnata ser dedicada a são Bartolomeu, protetor dos *macellai*, os açougueiros. Bom, isso demonstraria que naquelas paragens jamais se viram muitos porcos, já que, na lógica corporativa medieval e moderna, os *macellai* eram apenas aqueles que trabalhavam a carne bovina ou, quando muito, a ovina e a caprina. As figuras profissionais que tratavam de miúdos e outros tipos de carne, como os *trippai* e os *pollaioli*,* eram completamente separadas dos *macellai*, que em todo caso representavam a aristocracia no sistema corporativo. Aqueles que abatiam os suínos, ou seja, os *norcini*, e aqueles que trabalhavam as carnes do porco,

---

* *Trippaio*: profissional que trata ou vende tripas e outros miúdos. Também indica a pessoa que, nos matadouros, trabalha nessa seção específica. *Pollaiolo*: profissional que trabalha com vendas de frango e aves em geral.

ou seja, os *salaioli* e os *lardaroli*, não tinham nada a ver com os *macellai* nem, portanto, com são Bartolomeu.

Mas vamos em frente: ao que parece, Michelangelo, quando ia para aqueles lados atrás de mármore para as suas esplêndidas esculturas, não podia deixar de se abastecer com o maravilhoso lardo. A primeira parte da história é autêntica: desde que foi até o monte Altíssimo para escolher em pessoa o bloco de mármore em que esculpiria a *Pietà*, o artista toscano adquiriu o hábito de fazer regularmente essas viagens em busca de blocos a serem trabalhados. Existe uma documentação relativa às estadas de Michelangelo nos Alpes Apuanos, geralmente descritas com certa precisão. Digamos até que, infelizmente para nossos produtores de lardo, com uma precisão excessiva, porque nessas crônicas não se fala jamais da preciosa gordura suína conservada nas *conche*, as tinas de mármore. Está bem, alguém pode dizer, mas por que se falaria a respeito disso? No fundo, Michelangelo andava por ali por causa do mármore desejado e, nas crônicas, era citado exatamente o mármore. Sim, claro, e agora por que citar justamente o grande artista para atestar o sucesso do lardo já na era renascentista? Enfim, a suspeita de que se trata de uma operação construída a posteriori é bastante forte.

Chegamos então aos últimos dois séculos. No site da Festa do Lardo de Colonnata se lê que "[o lardo] foi por muitos séculos a alimentação principal dos trabalhadores de pedreiras, até se tornar, depois dos motins de 1894, a comida dos anarquistas". Bela história, que mistura o orgulho de uma população de forte identidade cultural com o enraizamento das ideias anárquicas em Lunigiana e região. Os motins de 1894 são um dos episódios mais significativos do movimento anarquista, não apenas naquela área restrita, mas também em nível nacional. Lendo as histórias do período e as reconstruções históricas sucessivas, chegamos às duríssimas condições de vida não apenas dos trabalhadores de pedreiras de mármore, mas de toda a população local. Entre as causas dos motins, enfim, estava exatamente o forte aumento dos preços dos gêneros alimentares e, quando se fala de "gêneros alimentares", estamos falando de pão. Como é bastante lógico, na propaganda política não se citava o preço do lardo ou de qualquer outro tipo de acompanhamento para o pão; os líderes da revolta queriam que o preço do pão voltasse a ficar sob controle. Do ponto de vista deles, isso já era mais que suficiente. Ou seja, em nenhum texto o lardo é citado como comida dos anarquistas; só ali no site, justamente, da Festa do Lardo.

O fato é que o lardo de Colonnata existe e é sem dúvida um produto de qualidade. Mesmo tirando de cena os escravizados romanos, Michelangelo e os anarquistas da Lunigiana, ele permanece um caso de sucesso, que poderia servir de exemplo até para outros territórios. A sua história, de fato, começa mais ou menos no início dos anos 1990, quando um pequeno grupo de produtores e donos de restaurantes da província de Carrara começou a namorar a ideia de promover o território também através do canal da gastronomia. Nessa província, assim como em toda a Itália, trabalhava-se a carne suína, e nas várias localidades existiam procedimentos para a produção de embutidos e de carnes em conserva, provavelmente diferentes de produtor para produtor. Aqueles que entendem de marketing diriam que era necessário um *branding*; não bastava um produto bom — produtos bons existem aos montes —, era preciso algo que fosse reconhecível e que não fosse transferível, ou seja, realizável ali e só ali. E então eis que a história do lardo, a dos trabalhadores de pedreiras e a das tinas de mármore onde conservá-lo se tornaram elementos essenciais do próprio produto.

Continuava existindo o problema da denominação, que de fato durou alguns anos. A maioria queria que o nome fosse

"Lardo de Carrara", o que teria uma lógica territorial: afinal, o mundo conhece o mármore de Carrara, e se o produto precisasse ser de alguma forma ligado à história das cavas, era mais que natural que a denominação fizesse lembrar o famoso mármore branco. Além disso, se o objetivo era promover toda a província, o emprego do nome da capital parecia óbvio. Mas é exatamente aqui que os agentes econômicos e as instituições do território mostraram uma grande capacidade estratégica e uma coesão realmente surpreendente. A escolha do topônimo "Colonnata" no momento de decidir a denominação (em 2003) foi perfeita: o pequeno e sugestivo burgo como lugar-símbolo da produção daquele lardo em particular confere a toda a narrativa outro elemento mítico, e, portanto, sugestivo, que talvez com o nome "Carrara" de alguma forma se diluísse. O pequeno lugarejo, aliás minúsculo, transmite uma ideia de produção artesanal feita em quantidades mínimas, e quem se encontra na condição de poder consumir algumas fatias do lardo se sente logo um privilegiado. Uma denominação tão específica é capaz de enobrecer um produto que de outra forma seria extremamente sem classe; ninguém pensaria em oferecer aos convidados de um jantar de certo nível um lardo qualquer, mas e o lardo de Colonnata? É claro que sim. Enfim, Colonnata é a tipicidade elevada à enésima potência.

3.
O tomate de Pachino made in Israel

Nem todos sabem que Pachino (província de Siracusa) está situado na extrema ponta meridional da Sicília oriental, em uma região que em épocas passadas se distinguia pela produção de uvas para vinho de grande qualidade. Nessa área, bastante restrita, verifica-se um mix de fatores (terreno, luz, temperatura, qualidade das águas de irrigação) que repercutem positivamente no produto, tornando-o mais saboroso, resistente, atraente, perfumado e consistente.

A estreita relação entre as características desse tomate e as peculiaridades do território de proveniência permitiram que fosse instituído o reconhecimento do selo de qualidade IGP (Indicação Geográfica Protegida), e hoje o autêntico tomate de Pachino é tutelado por um selo distintivo específico que um Consórcio de Tutela se empenha em aplicar com base em um regulamento preciso.

Esse texto está no site do Consórcio de Tutela Pomodoro di Pachino IGP. Tudo indiscutivelmente verdadeiro, mas o que não é dito ali é de onde vem esse bendito e extraordinário tomate. E é um pecado que não se fale sobre isso, porque o Pomodoro di Pachino IGP é um dos poucos produtos típicos cuja data de nascimento podemos estabelecer com precisão e, com um pouco de paciência, podemos também encontrar o nome do inventor. O tomate de Pachino, na verdade, nasceu em Israel em 1989, em uma das mais importantes empresas do mundo no setor das pesquisas genéticas no campo agrícola: a Hazera Genetics. Que fique claro, o tomate de Pachino não é um OGM (organismo geneticamente modificado), mas uma planta obtida com a MAS (Marker Assisted Selection, seleção assistida por marcadores), técnica que não usa manipulação genética e que, através de cruzamentos e hibridações, tenta criar novas variedades com determinadas características físicas, de gosto, resistência ou capacidade de crescimento. Na prática, é feito em laboratório, e em pouco tempo, aquilo que na natureza poderia durar milênios através do famoso mecanismo de seleção natural de memória darwiniana.

Opa, calma, Houston, temos um problema! Na verdade, a seleção natural nunca produziu organismos estéreis ou que não possam transmitir as próprias características para as gerações sucessivas; seria uma contradição em termos. Infelizmente para a nossa história, e infelizmente para os cultivadores de Pachino, o famoso tomate da Hazera Genetics é um assim chamado "híbrido F1": isso significa que as sementes provenientes dos frutos cultivados não são capazes de manter as características originais e todo ano os produtores precisavam pegar um avião para Tel Aviv e lá comprar as sementes para iniciar a nova temporada agrícola. Na realidade, nos últimos anos pararam de ir a Israel porque a viagem era muito cara, e agora compram as mudinhas diretamente dos viveiros.

Bom, mas vamos com calma e tentemos contar essa breve, ainda que apaixonante, história ítalo-israelense como se deve. Agora peço aos leitores de, digamos, quarenta anos ou mais, que façam um pequeno esforço de memória, tentando se lembrar dos tomates da sua (e da minha) infância. Nos supermercados e nas quitandas a gente encontrava exclusivamente belos tomates para salada, aqueles bem grandes, que podiam ser cortados em fatias; em particular eu me lembro dos chamados "coração de boi", vermelho-esverdeados e de forma irregular, grandes e muito carnosos. Um discurso à parte mereceria o tomate San Marzano, que por sua vez se tornou DOP em 1996, cuja produção sempre foi destinada não tanto a um consumo direto, mas à indústria de transformação ou à produção doméstica de conservas, como os tomates pelados.

Até o fim dos anos 1980, os tomates-cereja e as variedades em cacho em geral eram totalmente desconhecidos no mercado italiano. De fato, quando a Hazera Genetics, por meio de algumas de suas sociedades controladas, tentou introduzir seus tomates-cereja na Sicília, a primeira reação dos agricultores locais, inclusive os de Pachino, foi de forte hostilidade. De resto, como vimos, essa variedade era desconhecida e seu rendimento por superfície cultivada era inferior ao dos tomates tradicionais para salada; então, como discordar dos prudentes agricultores siracusanos?

Mas a resistência dos produtores sicilianos duraria pouco diante do poder comercial dos israelenses. Depois de dois anos de larga recusa, uma fortíssima ação de promoção por parte da própria Hazera Genetics, mas sobretudo as indiscutíveis vantagens geradas por mais uma melhoria genética, capaz de prolongar a vida do tomate-cereja em duas ou três semanas após a colheita, convenceram cada vez mais agricultores a utilizarem as sementes que chegavam de Tel Aviv.

Daquele momento em diante, o sucesso dos novos tomates foi praticamente irrefreável. E — nada a ver com tradição — um dos fatores mais importantes desse sucesso consiste na superação do problema da sazonalidade: os tomates de Pachino, de fato, são encontrados durante todo o ano, o que garante lucros inimagináveis com cultivos antigos.

Nesse ponto, tratava-se de inventar a enésima tradição, apagando da história os incômodos israelenses, e gabar-se de uma tipicidade que na realidade não podia existir. Uma brincadeira de criança, mesmo que aqui e ali apareçam algumas falhas. Em 2010, por exemplo, o então ministro das Políticas Agrícolas, Alimentares e Florestais, Giancarlo Galan, precisou admitir que o tomate de Pachino é produzido com sementes de Israel. Mas nem foi preciso ter medo: depois dos canônicos três dias de manchetes sensacionalistas, a história retornou ao esquecimento e hoje todos nós podemos levar à mesa com orgulho essa "típica" excelência italiana...

4.
O azeite de oliva e a virgindade renovada

O azeite de oliva é provavelmente um dos produtos-símbolo daquela que hoje chamamos cozinha mediterrânea, e realmente tem papel central no sistema alimentar do Mediterrâneo como um todo. Grosso modo, podemos dizer que esse extraordinário produto apareceu na Palestina em torno do quinto milênio a.C. Ali começou sua lenta, mas inexorável, viagem em direção ao Ocidente, alcançando a Grécia, a Itália, a Líbia, a Tunísia, a Argélia, o Marrocos e por fim a Espanha, onde teve sua máxima difusão. Obviamente, o cultivo da oliveira e a produção de azeite não tiveram um andamento linear no arco de sete milênios. Sendo o azeite de oliva um produto que necessita de uma certa tecnologia e de sistemas agrícolas complexos e bem organizados, a sua oferta e o seu uso tiveram frequentes altos e baixos até mesmo nas áreas de maior difusão de oliveiras; fatores demográficos, econômicos, políticos e normativos condicionaram sua disponibilidade não apenas a curto e médio prazos, mas também a longo prazo.

Sem nos aprofundarmos demais nessa longuíssima história, podemos tranquilamente afirmar que desde a Antiguidade diversos tipos de azeite se distinguiam tanto pela variedade da oliveira que fornecia o fruto a ser espremido quanto, sobretudo, pelo grau de maturação da azeitona no momento da colheita e da prensagem. Como aconteceu com muitos outros produtos e outras especialidades gastronômicas, foram os romanos, grandíssimos consumidores de azeite, que aperfeiçoaram sua classificação e estabeleceram o valor dos diversos tipos de óleo. Mesmo que para os romanos a origem geográfica do azeite fosse totalmente irrelevante, o que fazia diferença eram principalmente o tipo de colheita e o tipo de prensagem. E foi assim até pouco tempo atrás.

Com um salto de quase dois milênios, chegamos à segunda metade do século XIX. Permito-me fazer esse salto porque naquele período pouca coisa aconteceu no que se refere às técnicas de produção e às características intrínsecas do azeite de oliva. Quase nada aconteceu também do ponto de vista comercial: os azeites de oliva continuaram a ser classificados segundo o período de colheita das azeitonas, as características das azeitonas e o tipo de prensagem. De resto, não é compreensível o que mais deveria ser interessante ao potencial comprador além do gosto, é obvio, que em larga medida era (e é) determinado justamente por esses três fatores. A origem geográfica ainda estava bem distante de ter o papel que tem hoje no marketing do azeite de oliva; aliás, francamente, ninguém ligava para o lugar de origem. O azeite era um tipo de commodity, um produto comercial criado por atacadistas e varejistas, misturando vários óleos para torná-lo o mais padronizado possível.

Nas últimas décadas do século XIX, o mercado do azeite de oliva se caracterizava por uma produção dispersa em todas as áreas do Mediterrâneo, onde existiam infinitos pequenos lagares de gestão familiar; poucos envasadores compravam o azeite nesses lagares, depois misturavam os vários óleos para obter, como dissemos, um produto uniforme, e então organizavam sua produção no nível provincial ou, no máximo, regional.

Em alguns casos, porém, os atacadistas se responsabilizavam também pelo comércio de média e grande distâncias. A progressiva melhoria dos transportes, das técnicas de envasamento e de conservação do azeite deu uma vantagem a mais a alguns desses mercadores de nível superior, que puderam assim ampliar seu círculo de negócios, fosse abastecendo-se de azeites de áreas cada vez mais afastadas, fosse conseguindo entrar com seu azeite-padrão em mercados relativamente distantes a preços competitivos. Foi nessas décadas que nasceram e se estabeleceram as mais importantes marcas de azeite de oliva italianas: Sasso (1860), Bertolli (1865), Carapelli (1893), Dante (1898), Carli (1911).

Não por acaso, os melhores resultados na Itália foram sobretudo de empreendedores da Toscana e da Ligúria, regiões que, mesmo com sólida tradição no ramo dos azeites, não eram, com certeza, comparáveis à Sicília e muito menos à Apúlia, que desde sempre foi, e ainda é, a primeira região italiana por volume de produção. Claro que os óleos toscanos e lígures já tinham havia tempo uma discreta fama em termos de qualidade, mas as famílias Novaro (marca Sasso), Bertolli, Carapelli, Costa (marca Dante) e Carli conseguiram expandir seus comércios, tanto porque frequentemente desenvolviam atividades e empreendimentos muito diversificados e, portanto, podiam contar também com o capital proveniente de outros setores, quanto porque a Toscana e a Ligúria ofereciam infraestruturas — vejam os portos de Livorno e de Gênova — que facilitavam as atividades comerciais de média e longa distâncias mais do que outras regiões italianas. As empresas citadas se mantiveram essencialmente apenas comerciais, portanto, não produziam o que vendiam, ainda que no período entre as duas guerras tenham iniciado e incrementado de maneira relevante a produção direta de azeite de oliva. Mas devemos ressaltar como o azeite produzido diretamente representava apenas um percentual limitado do azeite vendido por essas primeiras grandes empresas do setor; a maior parte do óleo comercializado com esses rótulos era de fato produzida nas várias regiões do Mediterrâneo. As empresas o compravam ao melhor preço possível, misturavam os vários lotes para obter um produto padronizado, e ao que parece de qualidade, e enfim o vendiam onde fosse possível.

Desse ponto de vista, a história da família Costa é paradigmática. Em meados do século XIX os genoveses Costa comercializavam azeite, e não apenas entre Sardenha e Ligúria, levando a Gênova produtos sardos que tinham sobretudo a vantagem de custarem pouco. Esses lucrativos comércios continuaram até o fim do século e a atividade de intermediação se estendeu de forma progressiva. Mas o verdadeiro salto de qualidade, e quantidade, aconteceu nos últimos anos do século, quando o mercado representado pelos italianos nos Estados Unidos conquistou cada vez mais importância. Daí deriva a mudança do nome comercial do produto, de "Olio Costa" para "Olio Dante", mais capaz de evocar a pátria que os emigrados foram obrigados a abandonar. Não mudaram, porém, as características do produto: continuou a ser um blend de diversos tipos de azeite, provenientes das mais variadas regiões do Mediterrâneo, e permaneceria assim até os nossos dias, tal como Carapelli, Bertolli, Carli, Sasso etc. Esses são os únicos azeites de oliva que os italianos encontravam nas lojas até a Segunda Guerra Mundial e nas prateleiras dos supermercados a partir do boom econômico, e ainda ao longo dos anos 1970 e 1980.

Se você tem mais de quarenta anos vai se lembrar bem que em determinada época o azeite podia ser "extravirgem", "virgem" ou simplesmente "azeite de oliva". A divisão de mercado por faixas de consumidores acontecia com essas três grandes classes. Nenhum produtor pensava em indicar se o azeite era mais ou menos italiano, imagina se alguém teria a ideia de especificar até mesmo a origem regional ou as variedades de oliveira utilizadas. E não era possível fornecer ao consumidor tais informações porque o óleo à venda era, por sua natureza, uma mistura de azeites de tipos diversos e de várias proveniências.

Esclarecendo: os mil pequenos lagares que produziam efetivamente o azeite podiam também comercializar pequenas quantidades em nível local, mas a maior parte da sua produção acabava no circuito das grandes marcas e da grande distribuição nacional e internacional. Como já dissemos, de resto, esses pequenos lagares eram quase sempre empresas familiares, que trabalhavam de maneira empírica com técnicas pouco confiáveis, cuidando pouco ou nada da qualidade. De qualquer forma, no fim das contas chegava o industrial que comprava lotes inteiros e corrigia quimicamente os eventuais defeitos do óleo. De fato, paradoxalmente, o azeite de marca costumava ser melhor e, sobretudo, de qualidade mais estável do que aquele comprado direto no lagar. A tipicidade ainda era um problema, mais do que um valor.

As coisas começaram a mudar no fim dos anos 1980. E, pelo menos uma vez, não se confirmou a célebre frase de *Leopardo*, porque mudou tudo e, portanto, tudo mudou. Em primeiro lugar, mudou a política agrícola na Europa. Até então, a comunidade econômica europeia havia apoiado a produção de azeite de oliva de um modo bastante excepcional, e não com o sistema dos incentivos, graças ao qual se atribui um tipo de prêmio de produção para cada hectare cultivado com aquele determinado cereal ou produto hortifrutícola; para o azeite de oliva, porém, eram previstas formas de integração da renda dos agricultores, destinadas a compensar a diferença entre custos de produção e receitas das vendas do produto às empresas de transformação. Desse modo, além de garantir uma renda mínima aos agricultores, conseguia-se manter os preços baixos no mercado.

A PAC (Política Agrícola Comunitária) havia sido pensada, nos anos 1950, para uma Europa faminta e que tinha um déficit histórico de muitos gêneros alimentares. No início dos anos 1980, esses problemas haviam sido substancialmente resolvidos em relação aos principais produtos agrícolas (cereais e leite, em particular). Tendo em vista os altos custos da PAC, no começo dos anos 1990 foi indispensável promover uma reforma capaz de limitar seu peso no orçamento da recém-nascida União Europeia e ao mesmo tempo superar o problema da produção excessiva de muitos bens agrícolas. No que tange ao azeite de oliva — e outros produtos —, porém, esse último problema não existia na Itália, porque a produção italiana se mantinha estruturalmente inferior à demanda interna.

Depois de uma longa gestação, em 1992 entrou em vigor a reforma da PAC proposta pelo comissário europeu Ray MacSharry, a mais importante desde os Tratados de Roma de 1957. Sem entrar nos detalhes de uma reforma que bem ou mal revolucionou a agricultura europeia, é preciso dizer que, no que se refere aos produtores italianos de azeitonas, as integrações à renda caíram de modo considerável, sem que a indústria de transformação fosse afetada, nem mesmo minimamente, por tal redução. Como dissemos, para as grandes marcas nacionais a proveniência do azeite era absolutamente irrelevante e o sistema de subsídios anterior certamente não tinha favorecido a criação de políticas setoriais que envolvessem ao mesmo tempo agricultores, intermediários e indústrias de transformação. Na prática, com o velho sistema de apoio ao rendimento, os produtores de azeitonas, os lagares locais e as grandes marcas nacionais eram entidades que não interagiram e não tinham interesses coincidentes: a renda de um não dependia da renda dos outros.

Com a queda dos subsídios, a olivicultura, um setor importante da nossa agricultura, sobretudo nas regiões do centro-sul, correu um sério risco de desaparecer. Assim, começou a crescer a ideia de que as denominações e as marcas de tutela que correlacionam os produtos com os territórios de origem podiam ser instrumentos eficazes para conter a crise, ou até para evitá-la. O raciocínio era bastante lógico: se a produção de óleo de oliva italiano não podia competir em relação aos preços com a espanhola, a grega ou a norte-africana, mais valia se posicionar em uma faixa de mercado mais alta e menos sensível ao preço. Obviamente havia um pouco de trabalho pela frente, mesmo porque, como vimos, até aquele momento o azeite italiano não era exatamente de ótima qualidade. Então, em primeiro lugar, era necessário investir recursos na tecnologia para melhorar os padrões de qualidade tanto nos campos, onde o cuidado com os olivais jamais havia sido uma prioridade, quanto nos lagares locais, nos quais geralmente se usavam técnicas de extração bastante rudimentares. E então havia uma história do produto a ser construída, mas isso era o de menos: os historiadores costumam se vender por pouco e, no fim das contas, perante a difusão das oliveiras na Itália, era bastante simples elaborar muitas histórias locais, cada uma capaz de justificar uma denominação de origem.

Soma-se às questões ligadas às novas políticas comunitárias a grande (re)descoberta das tradições locais, e daquelas enogastronômicas em particular, como instrumentos de marketing territorial. Em nível nacional, iniciou-se a guerra com os outros países produtores para afirmar que o azeite italiano era melhor do que os azeites produzidos no exterior, como se o azeite que os italianos haviam consumido até aquele momento fosse 100% italiano.

Mas não eram apenas os anos do triunfante "made in Italy", eram também aqueles em que mais ou menos todas as regiões investiram elevados recursos na construção de uma identidade específica; efeitos colaterais do federalismo fátuo e banal que atravessou a Itália dos anos 1990 em diante. De forma não muito velada, esse trabalho identitário tinha também o escopo de atrair turistas e de dar nova vida a territórios que corriam o risco de ser abandonados. Para muitas áreas, a oliveira, desde sempre cultivada em quase todos os lugares, tornou-se um elemento dessa nova identidade.

O resultado, todos podem ver: hoje na Itália há cerca de cinquenta azeites de oliva DOP ou IGP. As primeiras atribuições do selo DOP remontam a 1996 e o processo ainda está em expansão; neste momento está em curso uma dezena de procedimentos de reconhecimento. Nesse ritmo, em alguns anos toda e qualquer planta terá a sua denominação! De fato, não faltam alguns paradoxos, como, por exemplo, o azeite Brisighella e o azeite Colline di Romagna; o primeiro obteve a DOP em 1996 e o segundo, em 2003, mas como no famoso jogo dos sete erros, o consumidor deve descobrir as sete diferenças entre os dois azeites. A mesma coisa pode ser dita sobre o azeite Valli Trapanesi (1997), o Val di Mazara (2001) e o Valle del Belice (2004). Ou, ainda, sobre o azeite Cilento e o Colline Salernitane, que obtiveram, ambos, a DOP em 1997.

O fato é que esses novos azeites de oliva são, exatamente, produtos novos, inventados do zero, e que não têm nada a ver com os óleos dos fenícios, dos romanos e dos monges medievais. Mas, como já dissemos tantas vezes, não têm nada a ver nem mesmo com os vários azeites que consumimos na Itália até poucos anos atrás. Sim, em muitos casos esses azeites, produzidos com tanto zelo e fruto de estudos aprofundados, são produtos extraordinários, mas claro que não são comparáveis aos azeites clássicos que ainda podem ser comprados em qualquer supermercado. Mas, com certeza, não é o selo DOP que vai garantir a sua excepcionalidade. Assim como para qualquer produto criado pelo homem, a qualidade do azeite deriva diretamente da competência e do empenho do produtor.

5.
O verdadeiro Parmigiano Reggiano é feito em Wisconsin

O Parmigiano Reggiano DOP é um dos produtos agroalimentares de maior sucesso no mundo. Isso depende certamente das qualidades de seu sabor e também da sua história milenar, o que lhe confere um indiscutível fascínio e grande reputação internacional. Mas o Parmigiano Reggiano é ainda um dos produtos que sofreram a mais profunda transformação nos últimos cinquenta anos. De fato, o queijo que comemos hoje pouco tem a ver com o que era produzido e consumido até algumas décadas atrás, que por sua vez se parecia muito mais com o famigerado Parmesan de Wisconsin, do qual falarei mais adiante.

Sintetizar a história do Parmigiano Reggiano em poucas páginas é objetivamente impossível; esse queijo, com todas as denominações que de tempos em tempos assumiu, talvez seja o único produto típico cujas transformações podemos relatar em um arco temporal de cerca de um milênio. A história do Parmigiano é, porém, uma epopeia que merece ser relembrada sempre que possível, mesmo porque existem algumas questões não solucionadas que é justo que sejam apresentadas e, como sempre, alguns mitos a serem destruídos.

Começo com um conselho racional: vamos deixar os romanos em paz, em particular Plínio e Marcial, que vez ou outra são citados para provar que naquele canto do vale do Pó se produzia queijo até na Antiguidade. Trata-se, evidentemente, de uma não notícia: em qualquer lugar em que houvesse leite havia o problema de evitar a sua rápida deterioração; a coagulação da caseína ácida ou caseína-coalho (para fazer leite) e a fermentação (para fazer iogurte) são há muitos milênios e para todas as populações os sistemas mais usados, não só para os lados de Parma.

É um fato consolidado que já na Idade Média o "queijo de Parma" gozava de certa fama e certo prestígio. Sobre isso, há poucas dúvidas: os testemunhos literários e também aqueles de caráter estritamente comercial são por certo numerosos. A descrição que Boccaccio, em meados do século XIV, fez do lugar chamado Bengodi é conhecida até demais, com a sua "montanha toda de queijo parmesão ralado". Talvez menos conhecidos sejam os registros contábeis de uma rica família de mercadores toscanos, ainda no século XIV, nos quais estão anotadas as compras de todos os alimentos que serviam para o sustento da família, entre eles os queijos.

Enfim, as fontes do fim da Idade Média mostram de forma bem clara a reputação de que gozava o queijo de Parma na Itália, mas também no resto da Europa. Não é tão simples estabelecer, porém, para esse período, a efetiva difusão do Parmigiano para além da área de produção. E aqui eu já quero abrir uma série de questões não pouco importantes e que nos acompanharão até o fim dessa história: como era esse queijo? Quantas formas dele eram produzidas em Parma e região? E, afinal, qual era a grossura dessas formas?

Para responder a essas perguntas, em especial às últimas duas, evidentemente não podemos nos referir a dados precisos; como se sabe, antes da Revolução Industrial os dados estatísticos tinham a confiabilidade de um horóscopo. Devemos então nos mover de forma aproximativa.

Vamos nos concentrar nos poucos números disponíveis. Com efeito, começamos a ter alguns números bem precisos apenas em torno da metade do século XIX; nada de particular, que fique claro, mas enfim podemos pelo menos tentar fazer alguns cálculos. Sim, porque também aqui temos um probleminha: como dissemos, o queijo de Parma gozava de uma fama internacional muito grande havia alguns séculos, tanto que no início do século XVII havia sido instituído um tipo de denominação de origem *ante litteram*, mas no século seguinte a produção desse queijo passou por um repentino declínio, ao que parece tanto do ponto de vista quantitativo quanto do qualitativo. Segundo os cidadãos de Parma, a culpa foi dos franceses, das tropas imperiais, das guerras, das doenças bovinas, do sistema fiscal e muito mais; poderíamos adicionar as inundações e os gafanhotos e seria como escutar John Belushi em *Os irmãos cara de pau*. Mas, para além da tendência a se lamentar, tão italiana, é realmente verdade que uma série de circunstâncias desfavoráveis penalizaram a criação bovina na zona compreendida entre Parma e Modena a partir das primeiras décadas do século XVIII.

E assim temos a primeira reviravolta: a partir da segunda metade do século XVIII quase ninguém mais falou do queijo Parmigiano. Todos falavam e glorificavam o queijo Lodigiano e, mais tarde, também o Piacentino. Como dissemos, os dados à disposição são poucos e fragmentados, mas tudo leva a crer que naquela época, em Parma e região, se fazia pouco queijo, e esse pouco que se produzia não parecia poder competir com o Lodigiano em qualidade e reputação internacional. Para esclarecer: pouco depois da metade do século XIX, o número de vacas leiteiras por superfície cultivável na área de Parma era o mais baixo de toda a região Emilia-Romagna, aliás era inferior ao de províncias certamente não conhecidas por sua produção de leites e derivados, como as de Forlì e Ravenna. A produção de laticínios da província de Parma cresceria de maneira relevante apenas no início do século XX. Enfim, os dados que temos parecem claros: há um buraco de 150 anos durante os quais a produção de queijo em Parma e região parece quase desaparecer. E não é um dado sem importância, porque isso significaria que o verdadeiro herdeiro do queijo do qual Boccaccio falava seria o atual Grana Padano, e não o Parmigiano Reggiano.

O renascimento da zootecnia de Parma no fim do século XIX e sobretudo no início do século XX, com o consequente crescimento do setor de laticínios, se deveu a muitos fatores. Antes de tudo é necessário lembrar o nascimento, em 1892, da "cátedra ambulante de agricultura" de Parma, um instituto de instrução agrária, voltado em particular aos pequenos proprietários e aos rendeiros, que tornou as modernas práticas agrícolas conhecidas em toda a província. A esse fato devemos adicionar a melhoria tecnológica induzida pela mecanização progressiva e, não menos importante, a afirmação do movimento cooperativo e o surgimento de muitas leiterias sociais.

Às vésperas da Primeira Guerra Mundial, a zona entre as províncias de Parma, Reggio Emilia, Modena e Mântua já tinha alcançado níveis de excelência nacional do ponto de vista da criação bovina e da produção de leite e derivados. Entre as duas guerras, o queijo produzido nessa área assumiu definitivamente a denominação "Parmigiano Reggiano", e em 1938 foi constituído o primeiro Consórcio de Tutela que garantiria eternamente a sua sublime qualidade.

Bem, tudo organizado, certo? Então podemos dizer que, fora aquele pequeno buraco histórico de 150 anos, nesse ponto a ordem havia sido estabelecida? E podemos também dizer que o maravilhoso queijo cantado pelos poetas da Idade Média e desejado por todos os senhores da Europa, depois de uma longa peregrinação pelo vale do Pó, havia finalmente voltado para casa? Mas nem em sonho! Como dizíamos, temos o problema da qualidade, ou seja, precisamos tentar entender como era esse Parmigiano Reggiano antes e depois do renascimento do século XX.

Não pretendo aborrecer vocês com a questão das raças bovinas e nem mesmo com a das forragens, que por si só deveriam nos levar a pensar que o Parmigiano dos séculos XVIII e XIX era bem diverso daquele do século XX. É de fato evidente que, mudando-se a raça das vacas e a alimentação, modificam-se as características do leite, e, portanto, também as do queijo que dele se obtém. Mas podemos ainda considerar isso um fato fisiológico: a vaca holandesa produz cerca do dobro do leite que uma vaca da raça italiana consegue produzir, e por isso é natural que no curso do século XX os criadores tenham sido levados a substituir raças menos produtivas por outras mais produtivas; se por esse motivo as características do leite nesse meio-tempo mudaram, digamos que todos se resignaram.

Na realidade, o problema das características do Parmigiano Reggiano é muito mais profundo e não depende só de uma maior disponibilidade de matéria-prima ou das mudanças provocadas pelas novas raças e pelas novas forragens; também, mas só em parte. Se olharmos os documentos medievais, de fato descobrimos que o queijo de Parma era bem diverso do Parmigiano Reggiano que compramos hoje no supermercado. Hoje uma fôrma de Parmigiano gira em torno de quarenta quilos; na Idade Média, raramente superava os dez quilos e a dimensão média era de cerca de sete quilos. Além disso, tudo leva a crer que esse queijo antigo, em qualquer denominação que tivesse, era muito mais gordo e macio, embora possível de ralar, do que hoje. De resto, a consistência macia é mais parecida com a dos queijos a serem comidos em fatias do que com a dos atuais grana a serem saboreados em lascas, e se manteve assim até o segundo pós-guerra, pelo menos; não devemos esquecer que algumas pessoas afirmavam que o Parmigiano, assim como o Lodigiano, para ser de qualidade, devia formar a famosa gota.*

As fôrmas de Parmigiano, mas também as de Lodigiano e do futuro Grana Padano, depois da Segunda Guerra Mundial começaram lentamente a aumentar de peso. Os motivos ao que parece estavam ligados à maior facilidade de conservação e estabilidade do produto, mas também à progressiva padronização dos vários fabricantes de laticínios. Esse incremento, porém, concentrou-se sobretudo nos últimos cinquenta anos. Não deve ser esquecido que até a Segunda Guerra Mundial uma fôrma de Parmigiano pesava vinte quilos, mais ou menos, e que para ser conservada devia ser coberta com estranhas misturas de óleo e cinzas; a imagem clássica do Parmigiano, até os anos 1970, era exatamente a da fôrma bastante pequena e com a crosta completamente preta.

Esperem um pouco: um queijo bem macio, com fôrmas de cerca de vinte quilos e com crosta preta... hmm... onde é que já vimos isso? Claro, é o Parmesan de Wisconsin! De novo, é fácil entender o que aconteceu: entre o fim do século XIX e o início do século XX, entre os milhões de italianos que se transferiram para os Estados Unidos, é claro que havia algum queijeiro ou alguém que sabia fazer queijo. Entre todos os estados dos Estados Unidos, aquele que garantia maior possibilidade de trabalho a quem tinha essas competências era tradicionalmente Wisconsin, e assim alguns desses imigrantes, talvez depois de terem trabalhado por certo tempo nas dependências de algum empreendedor local, decidiram arriscar e fazer por conta própria, produzindo o queijo que conheciam, ou seja, o Parmigiano ou o Grana, como era feito

---

* A *goccia* (gota) ou *lacrima* (lágrima) é composta de soro e fica dentro da olhadura do queijo mesmo depois de meses de maturação.

naquele período na Itália. Nos anos 1930 um certo número de empresas de laticínios surgiu em Wisconsin, cujos proprietários tinham nomes evidentemente italianos, ou melhor, padanos, para ser mais preciso; eles puseram no mercado o queijo "deles" e o chamaram com o nome em inglês mais próximo de sua memória: "Parmesan", justamente.

O bom é que esse queijo logo obteve grande sucesso no mercado norte-americano e, portanto, não apenas os italianos, mas também algumas empresas de laticínios americanas, cada vez mais numerosas, começaram a produzi-lo, obviamente mantendo as características que o haviam tornado célebre. Se até a guerra o Parmigiano e o Parmesan foram substancialmente gêmeos, o primeiro sem saber do segundo, com as diferenças óbvias ligadas à matéria-prima diversa, a partir dos anos 1960 o Parmigiano Reggiano, junto do Grana Padano, conheceu uma evolução extraordinária. Cresceram as dimensões da fôrma, acentuaram-se as características que o tornavam apto ao uso gastronômico em vez de ao consumo direto, aprimoraram-se as técnicas de conservação e envelhecimento, tornando inútil o uso da mistura.* Também nesse caso, como para o Parmesan, o novo Parmigiano conheceu um sucesso incessante não apenas no mercado interno, mas em todos os mercados mundiais, inclusive nos Estados Unidos.

Uma política eficaz de marketing, que exaltava sua naturalidade e tradição, além dos indiscutíveis valores nutricionais e de gosto, em pouco tempo fez do Parmigiano e do Grana os dois produtos típicos de maior sucesso no mundo. E o Parmesan? O pobre Parmesan é um tipo de patinho feio ao contrário:

* A mistura, nesse caso, se refere à pasta preta feita de óleos e cinzas que era passada sobre a casca do Parmigiano para conservá-lo melhor. Cada queijeiro tinha a sua receita secreta, mas, ao fim, se tratava mais de superstição do que de ciência.

no começo era igual a todos os seus irmãos, depois ele não mudou e os outros, sim. Sobraram para ele o gosto antigo e um nome incômodo demais, que lhe rendeu tantos inimigos na Itália; mas se quisermos comer o Parmigiano dos nossos avós, devemos ir para Wisconsin, e não para Parma.

6.
Sua Majestade, o Marsala da Inglaterra

As origens inglesas do Marsala são conhecidas e é preciso reconhecer que, com grande honestidade, até o próprio ex-Consórcio de Tutela do Vinho Marsala admite isso sem problemas. Claro, a tentação de buscar origens antigas, talvez romanas, quando não gregas ou fenícias, uma vez ou outra aparece nas histórias oficiais do vinho Marsala, mas de forma geral podemos considerar essas falhas narrativas quase fenômenos fisiológicos quando falamos de produtos típicos.

A história desse vinho licoroso é, no fim das contas, bastante breve. É verdade que na Sicília sempre se produziu um pouco de vinho, mas na Idade Média e na Era Moderna essa produção atravessou uma longa fase de esquecimento. O empreendedor que é universalmente indicado como o "descobridor" do Marsala (mas talvez fosse melhor defini-lo como o inventor desse vinho) é John Woodhouse, um comerciante de Liverpool chegado à Sicília em 1770, depois de ter vagado por todo o Mediterrâneo. A primeira expedição do Marsala à Grã-Bretanha ocorreu em 1773, e, segundo a mitologia, o vinho que os ingleses beberam era bem diferente daquele que Woodhouse colocou nas primeiras trinta barricas carregadas em um brigue chamado *Elizabeth*: depois do embarque, Woodhouse havia adicionado dois galões de álcool por barril, com o propósito de garantir uma melhor conservação do produto durante a viagem: 4,5 litros de álcool para 415 litros de vinho.

Tratava-se de uma adição bem grande, cujo resultado foi, evidentemente, um vinho licoroso já bastante próximo ao gosto dos ingleses.

O bom êxito daquela primeira expedição se deveu também ao fato de que Woodhouse evitou indicar com precisão o nome e a proveniência do produto, o que permitiu aos revendedores fazer com que ele se passasse por vinho Madeira, com grande probabilidade de sucesso. Em resumo, vamos dar nome aos bois, o Marsala começou sua história mais que secular com uma falsificação. Lembremos que o Madeira era, pelo menos a partir de meados do século XVIII, o vinho mais apreciado no mercado inglês, o mais rico do mundo. Por isso, muitos empreendedores sem escrúpulos e em busca de dinheiro fácil o misturavam com outros vinhos menos caros para aumentar os lucros ou, muito mais simplesmente, tentavam produzir vinhos que se assemelhassem a ele em zonas onde os custos de produção eram mais baixos, para depois comercializá-lo como Madeira original.

Além disso, era uma época em que empreendedores, intermediários e revendedores ingleses se empenhavam incessantemente na pesquisa e na produção de vinhos capazes de se adaptar ao gosto das diferentes faixas de consumidores britânicos. Não se buscavam, portanto, apenas outras áreas de produção, mas se tentavam novos blends e se experimentavam novas técnicas de vinificação e envelhecimento.

A verdade é que até o fim do século XVIII, e talvez um pouco além, o Marsala não foi comercializado com esse nome. Ao contrário, muitos indícios levam a suspeitar que o vinho fortificado expedido da região de Trapani chegasse às docas de Londres de forma anônima, para ser revendido como algo diferente. O reaparecimento milagroso no mercado inglês podia acontecer de várias formas; podia se tratar de uma verdadeira falsificação, ou seja, da venda do produto com um nome falso (por exemplo, como vimos, Madeira), ou então do *blending* mais elaborado, ou seja, do seu uso para "cortar" vinhos mais requintados, que depois, todavia, eram vendidos a preço cheio.

A partir dos primeiríssimos anos do século XIX, mesmo se no mercado de chegada o termo "Marsala" não fosse jamais mencionado, o vinho produzido na Sicília pela casa Woodhouse começou a assumir uma identidade própria, porque lhe foram dadas denominações que o aproximavam do Madeira: na Inglaterra, era vendido como "Bronte Madeira" (veremos daqui a pouco o porquê), enquanto nos Estados Unidos apareceu um nome não menos ambivalente: "Sicily Madeira".

Mas na história do Marsala — seja como produto, seja como denominação — outros fatores têm um papel não secundário: entre eles, o famoso fornecimento de quinhentas pipas (a *pippa* era o tradicional barril siciliano com capacidade de cerca de quatrocentos litros) de 19 de março de 1800 pedidas pelo almirante Horatio Nelson para reabastecer a frota britânica no Mediterrâneo e que marcou um momento decisivo para o vinho de Woodhouse. Foram de fato as dificuldades de aprovisionamento dos vinhos usados pela Marinha militar inglesa (Porto e Madeira, em particular), devidas aos bloqueios navais impostos por Napoleão, o que fez a escolha recair no vinho siciliano. Desse momento em diante, o vinho de Woodhouse tomou o nome de "Bronte Madeira" em homenagem ao próprio almirante que, justamente alguns meses antes, havia se tornado duque de Bronte; essa denominação e esse forte laço com uma figura emblemática que gozava de uma fama internacional quase lendária foram fatores muito importantes que favoreceram o crescente sucesso do vinho siciliano no mercado inglês. O certo é que até 1799 o nome "Bronte Madeira" não podia existir.

Nesse ponto entrou em cena um outro mercador inglês, Benjamin Ingham, de York, que em 1812 comprou um *baglio* (ou seja, uma instalação enológica) não muito distante daquela em que Woodhouse havia desenvolvido sua atividade. Ingham fez com que o vinho Marsala desse um notável salto de qualidade, por meio da publicação daquilo que entraria para a história como o "decálogo Ingham". O objetivo dele era evitar que o gosto do vinho pudesse variar demasiadamente de um ano para outro, mas também reduzir ainda mais os custos de produção, aumentando os lucros. De fato, as técnicas de cultivo e colheita da uva, unidas a certo empirismo no processo de vinificação, haviam feito do Marsala um vinho de características variáveis demais, o que o direcionava sobretudo a faixas de consumidores menos exigentes ou como vinho para corte. Por isso Ingham, em seu decálogo — intitulado na realidade *Breves instruções para a vindima com o objetivo de melhorar a qualidade dos vinhos* —, impôs regras precisas para o cultivo, a colheita e os primeiros processamentos da uva, até a produção do mosto.

A contribuição fundamental de Ingham à história do Marsala foi a introdução do método de *soleras* para produzi-lo. Tratava-se de um procedimento, já em uso havia tempo na Espanha, em Portugal (respectivamente para o Jerez e o Porto), mas também no sul da França, que permitia o envelhecimento "controlado" do produto, através da contínua troca do vinho contido em barris postos em contato com o solo (chamados *soleras*) com uma igual quantidade de vinho mais jovem contido em barris colocados imediatamente mais acima (*criaderas*). Quanto mais amplo fosse o grupo de barris, mais se podiam obter as misturas desejadas e conferir estabilidade ao produto final. Tecnicamente falando, com a introdução do método de *soleras*, Ingham (que logo foi imitado pelos outros produtores, inclusive Woodhouse) pode ser considerado o verdadeiro "inventor" do Marsala. Também nesse caso é quase inútil ressaltar que o Marsala era produzido pelos ingleses utilizando técnicas espanholas ou portuguesas. Em resumo, de siciliano havia muito pouco, só a uva a ser espremida. Depois do advento de Ingham, as denominações "Bronte Madeira" ou "Sicily Madeira" continuaram a sobreviver, mas foi exatamente nessa fase que surgiu o nome "Marsala".

Até esse momento, e ainda por bastante tempo, os produtores locais não parecem ter tido um papel significativo. A desproporção entre empreendedores ingleses e sicilianos era claríssima ainda no início dos anos 1830. Aos já estabelecidos Woodhouse e Ingham, se juntaram, em pouquíssimos anos, Hopps, Whitaker, sobrinho de Ingham, e depois seu sócio, Payne, Corlett, Pink, Clarkson, Wood e outros, que chegaram à região de Trapani para produzir vinho que agradasse ao gosto inglês. Apenas em 1834 Vincenzo Florio e o palermitano Raffaele Barbaro compraram um *baglio* em Marsala e constituíram "uma sociedade em nome coletivo com capital de 10 mil ducados para criar uma fábrica destinada à manufatura de vinhos ao estilo do Madeira". E o fato de que os primeiros empreendedores vinícolas sicilianos não haviam tido escrúpulos de escrever em sua razão social a intenção de imitar o Madeira diz muita coisa sobre a reputação que o vinho siciliano gozava naquele período. De qualquer forma, dez anos depois, a empresa Florio, já bem estabelecida e que vendia seus vinhos sobretudo na Inglaterra, não podia de forma alguma rivalizar com os principais empreendedores ingleses em relação aos volumes produzidos e ao volume de negócios. Ainda em 1855 a produção da casa Cantine Florio chegava, como valor, a cerca de um terço quando comparada à da casa Ingham, e era claramente inferior também à dos Woodhouse.

O processo de distinção e de libertação da subordinação a outros vinhos já famosos foi, portanto, obra exclusiva dos ingleses, dado que entre 1850 e 1860 o nome "Marsala" já estava quase definitivamente estabelecido sobre todas as outras denominações que faziam de alguma maneira referência ao Madeira. Tal processo andou lado a lado com um uso cada vez mais difuso do vapor nas etapas de processamento da uva e do mosto, bem como na fase de corte do vinho. Essa progressiva mecanização levou à padronização do produto e a uma segmentação qualitativa cada vez maior dos vários tipos de Marsala. Até os anos 1820 e 1830, de fato, as tipologias de vinho produzidas pelas casas Woodhouse e Ingham eram substancialmente duas: seco e doce, com a variante denominada "L.P." (London Particular) que, sendo destinada exclusivamente ao mercado inglês, era mais alcoólica. O Marsala seco na tradicional definição inglesa era, e ainda é, chamado "S.O.M." (Superior Old Marsala), enquanto o doce assumiu mais tarde a denominação italiana "G.D." (Garibaldi Dolce).

Até o fim dos anos 1880, as empresas da região de Trapani conheceram uma ininterrupta fase de expansão, e os 180 mil barris produzidos em 1861 se tornaram mais de 500 mil em 1884. Não apenas os volumes de exportação no geral cresceram, mas também a geografia dos mercados sofreu uma ampliação significativa: América Latina, Europa setentrional e França se somaram aos tradicionais mercados dos Estados Unidos e da Inglaterra. O Marsala então continuava sendo um produto para exportação. As duas agências-guia, a Ingham (que se tornou Ingham Whitaker) e a Woodhouse, comercializavam ao exterior um percentual que oscilava entre 70% e 90% de seus produtos, enquanto apenas a Florio mirava de forma mais decisiva a clientela nacional, colocando na Itália cerca de dois terços de seu vinho. Então seria sobretudo o retorno ao protecionismo dos anos 1880 (e em particular a guerra comercial com a França), mais ainda do que a difusão da filoxera nas vinhas, o que representou um primeiro e violento revés de uma longa tendência positiva iniciada depois da metade do século. No começo do século XX, porém, a crise já tinha ficado para trás e muitos dados atestam um forte crescimento da produção e das exportações, que durou até a guerra, e voltou depois de forma ainda mais poderosa nos anos 1920, apesar do proibicionismo dos Estados Unidos. A esse crescimento quantitativo correspondeu, todavia, uma certa queda do ponto de vista qualitativo, que já havia se manifestado na última década do século XIX, com um significativo aumento das empresas produtoras orientadas a segmentos mais baixos do mercado e o redimensionamento do peso das históricas casas anglo-sicilianas.

A história do vinho Marsala, suas origens e sua evolução, pelo menos até o início do século XX, está, portanto, intimamente conectada à imagem de modernidade que era capaz de transmitir aos mercados internacionais; inglês e americano em particular. Até as figuras emblemáticas usadas eram de alguma forma ligadas à ideia de mudança e força subjacentes à Revolução Industrial e aos grandes processos históricos do século XIX. Personagens como Horatio Nelson ou Giuseppe Garibaldi, aos quais, como vimos, a imagem do Marsala está fortemente vinculada, evocavam naturalmente uma ideia de energia revolucionária e de modernidade. E isso, unido às características intrínsecas do produto, decretou seu sucesso internacional seguramente até a Primeira Guerra Mundial.

Além do mais, o forte impulso em direção à mecanização e à padronização, respondendo a uma exigência dos principais mercados, não podia deixar espaço à ideia de um produto artesanal em que o saber empírico do produtor individual pudesse ser decisivo na determinação da qualidade do produto final. Nada disso: o Marsala era um vinho de características seguras e garantidas pelo uso de métodos e tecnologias que eram os mais avançados naquele período.

As coisas só começaram a mudar após a Primeira Guerra Mundial. E talvez não por acaso a transformação da imagem do Marsala, de vinho moderno a produto mais ligado à tradição, acompanhou a lenta, mas constante, reorganização do produto no mercado interno e uma sucessiva decadência de sua reputação. As políticas monetárias e comerciais da Itália fascista, da qual é um exemplo a famigerada "quota 90",* e o progressivo retorno do protecionismo desfavoreceram, entre outros bens, também o Marsala, que ainda tinha grande parte de sua produção exportada. A isso é necessário adicionar a enorme onda protecionista global após a crise de 1929, que levara a uma maior marginalização do Marsala nos mercados internacionais. No fim da Segunda Guerra Mundial, o vinho siciliano praticamente havia sumido dos mercados inglês e americano; mal sobrevivia no francês, e mais como ingrediente em determinados preparos gastronômicos, não para consumo direto.

As mudanças de caráter comercial sucedidas entre as duas guerras, como dissemos, em certos aspectos provocaram uma transformação "ontológica" do produto. Se o Marsala devia se tornar cada vez mais um produto italiano destinado ao consumo dos italianos, era evidente que as origens inglesas e industriais deveriam de alguma forma ser removidas da narrativa. Além do mais, a propaganda do regime havia impulsionado desde o início uma identificação da atualidade com o passado mais ou menos glorioso

---

* Controversa política de reajuste da lira empreendida por Mussolini, que buscava atrelar a moeda à libra esterlina na relação de 90 para 1.

das várias regiões da Itália e em particular com as glórias da romanidade. Nessa perspectiva, tudo era útil à causa: toda referência ao passado que pudesse mostrar uma primazia italiana qualquer era celebrada e enfatizada. Mais ainda, na lógica autárquica sucessiva às "sanções desiguais" desejadas pelas "democracias plutocráticas", não se podia admitir que um vinho italiano fosse na realidade uma invenção da "Pérfida Albion".

O papel dos ingleses foi se tornando então marginal na narrativa da história do Marsala. Paralelamente, o peso efetivo das empresas inglesas sobre a produção vinícola local também caiu de forma constante: as históricas famílias britânicas cederam seus estabelecimentos; ou, por meio de fusões, matrimônios e mudanças de denominação, os antigos rótulos ingleses sumiram quase por completo, tanto que hoje só resta um.

Esse processo de "italianização" pode ser considerado concluído às vésperas da Segunda Guerra Mundial, tanto do ponto de vista econômico-empreendedor, com o desaparecimento quase completo das marcas inglesas, quanto do ponto de vista histórico-narrativo, com a redescoberta do *vinum in perpetuum*, cuja invenção é atribuída aos cartagineses, e que daquele momento em diante é considerado o progenitor direto do Marsala. Paralelamente a esse processo de redefinição e reescritura das origens do produto e de reposicionamento no mercado interno, assistiu-se a seu declínio também do ponto de vista qualitativo. A difusão da receita de *scaloppine al Marsala*, e de *Marsala all'uovo* ou aromatizado de várias formas são apenas algumas das etapas de um longo declínio que transformou um dos mais importantes vinhos fortificados do mundo em um meio-termo entre uma bebida revigorante e um ingrediente culinário. Essa decadência continuou até depois da instituição do Consórcio de Tutela e do reconhecimento da DOC, em 1969.

A recuperação em termos de qualidade e credibilidade só aconteceu nos últimos anos, graças ao trabalho de poucos e corajosos produtores; mas, assim como ocorreu com outros produtos que presenciaram um renascimento nos últimos anos, o Marsala produzido hoje por essas cantinas locais tem bem pouco a ver com o vinho, esse também DOC, que era e é produzido pelas grandes casas nacionais e que até hoje representa a maior fatia do mercado.

7.
Presunto cru em forma de bumerangue

Hoje na Itália os presuntos crus DOP são oito; três são IGP. A esses devem ser acrescentados também o presunto de *cinta senese* e o Culatello di Zibello DOP, que basicamente é um presunto feito apenas com a coxa do porco. À primeira vista, se poderia pensar que tudo começou com o Prosciutto di Parma e que os outros dez (entre DOP e IGP) de alguma forma seguiram seus passos, mas como vamos ver não é exatamente assim; de fato, o Prosciutto di Parma fez escola, sim, mas apenas do ponto de vista do marketing e da promoção da marca.

Para contar as histórias desses presuntos devemos partir da Antiguidade, mas será bom chegar rapidamente aos nossos dias, porque hoje vivemos alguns paradoxos, como aquele, já conhecido, de criadores de porcos que não conseguem ter margem de lucro se respeitarem os regulamentos de alguns presuntos certificados. É o que acontece, por exemplo, com os criadores de Friuli, que se recusam a conferir as coxas de seus porcos no Consórcio do Prosciutto di San Daniele porque o regulamento é rígido demais e comporta custos de produção demasiadamente altos, não compensados pelo preço maior que o Consórcio está disposto a pagar. O resultado é que uma parte das coxas com as quais se faz o San Daniele provém de criações não italianas que conseguem respeitar os regulamentos, e isso ocorre também com outros presuntos. Enfim, vou precisar ilustrar aquilo que chamo de "o bumerangue da tipicidade", e para fazer isso precisamos mais uma vez procurar a raiz do problema e ver como é que chegamos a essa situação em alguns aspectos absurda.

Hoje os presuntos crus DOP são: o Parma e o Modena, da Emilia-Romagna; o Carpegna, de Marcas; o San Daniele, de Friuli; o Toscano; o Crudo di Cuneo, do Piemonte; o Veneto Berico-Euganeo; o Vallée d'Aoste Jambon de Bosses, do vale de Aosta. Por sua vez, as IGP são: o Norcia, da Úmbria; o Sauris, de Friuli; o Amatriciano, do Lácio. Exceto o Crudo di Cuneo, que obteve a DOP em 2009, todos os outros presuntos DOP têm o selo desde 1996, enquanto a IGP foi concedida aos três em 1997. Trata-se de uma discreta e equilibrada representação da Itália centro-setentrional; por outro lado, nessas mesmas regiões a criação suína e o processamento das carnes são atividades difundidas de forma muito abrangente.

De fato, é bem curioso que todos os sites dos relativos consórcios de tutela ou das próprias empresas digam em essência a mesma coisa e frequentemente consigam justificar a tipicidade do respectivo presunto com os mesmos motivos. Em Modena, por exemplo, parte-se dos celtas; é claro que eles não podiam ficar atrás daquele incômodo vizinho que é o presunto cru de Parma, cuja invenção tradicionalmente é atribuída aos romanos:

> As origens do Prosciutto di Modena residem em tempos antiquíssimos, provavelmente na Idade do Bronze: os primeiros testemunhos remontam à época dos celtas, que introduziram a prática de conservar as carnes com sal.

Os segundos na classificação são os toscanos, que não hesitam em invocar o velho Carlos Magno.

> A suinocultura toscana tem origens longínquas, camponesas e agrícolas, e o produto que daí deriva mantém até hoje

aquelas características de genuinidade, gosto e sabor que o elevam a resultados excelentes. Era o ano 1000 quando a arte da conservação das carnes na região da Toscana conheceu sua consolidação; na realidade, leis relativas ao abate do porco e à conservação de sua carne já podem ser localizadas nos tempos de Carlos Magno.

Em Sauris, partem do século XIII, e são também os primeiros a introduzir o tema das especificidades de território e de clima como fator decisivo para a localização da atividade.

Desde o fim do século XIII o vale é habitado por povos de língua alemã, originários da Caríntia, que até hoje conservam as próprias tradições no dialeto medieval, tanto na cultura popular e religiosa quanto, em particular, na gastronômica, ao mesmo tempo conquistando ao longo dos séculos um pertencimento à Carnia e ao Friuli. Assim, a antiga produção do presunto, união de técnicas e tradições da Caríntia e do Friuli, encontra no vale as particulares condições para a maturação, graças à salubridade e ao clima de Sauris.

Muito mais precisos são aqueles perto de Aosta, onde sabem até mesmo o ano de nascimento de seu presunto.

O Jambon encerra em seus sabores a tradição da salga da carne do Gran San Bernardo, documentada desde 1397 nos arquivos do Monastério do Passo do Grande São Bernardo. Produzido como naquela época, com gestos simples e antigos passados há gerações de *viou i tzoveno*, dos velhos aos jovens.

Pouco depois, começaram a fazer presuntos em Carpegna e aqui também foram os bosques que ajudaram nessa atividade.

Nesta zona cheia de florestas de carvalho, base alimentar para a criação dos suínos, a antiga tradição de "salgar presuntos e outras carnes" remonta ao ano de 1407, quando uma lei proibia a venda em outros lugares de "porcos e carnes salgadas". Outro indício concreto que atesta a identidade da terra de Carpegna como pátria secular do presunto já na Idade Média era o sal para conservar a carne suína, desde sempre extraído das salinas de Cervia, que tinham um acordo legal para fornecê-lo a Carpegna.

Mais ou menos no mesmo período, a produção também começou no Vêneto:

> [O presunto] Já estava no auge em 1400. Michele Savonarola, médico, dietólogo e gastrônomo paduano fala disso em sua obra *Libreto de tute le cosse che se manzano* [...]. Segundo o historiador Massimo Alberini, influente historiador da cozinha italiana e paduano, uma hipótese é que tenha se tratado de um daqueles presuntos "di Montagnana" [...].

Em Cuneo não se apressaram, e para começar a produzir presuntos esperaram o ano do início da Guerra dos Trinta Anos, 1618.

> As origens do tratamento das coxas dos suínos no território de produção remontam pelo menos ao século XVII, como testemunha um texto de 1618 em que se faz referência ao trabalho dos *norcini* de Piemonte.

Em Norcia tudo girava igualmente em torno dos bosques, mas é necessário ressaltar uma lamentável inexatidão no que se refere à data de nascimento do extraordinário presunto.

Uma história antiquíssima, feita de habilidades manuais e vocações artesanais, de tradições passadas ao longo dos séculos e já inerentes à alma do lugar. Muitos se questionaram por que a especialização no tratamento das carnes suínas aconteceu exatamente nas cidadezinhas da região Alta Valnerina, em torno de Norcia. A criação não intensiva do porco era bastante difusa na área das montanhas e colinas da Úmbria desde a época romana, graças à presença de bosques e em particular de bosques de carvalhos, onde os animais naturalmente encontravam o que comer.

Então, recapitulando, cada tipo de presunto produzido na Itália teria nascido ou na Idade Antiga ou na Idade Média; a única exceção é Cuneo, onde, sabe-se lá por quê, começaram a fazer presuntos com alguns séculos de atraso. Mas tenho certeza de que, procurando bem nos documentos de alguma abadia ou entre os estatutos das corporações, sem dúvida se encontrará algo que ateste uma produção pelo menos medieval de presunto por aqueles lados. Em segundo lugar, todo presunto é típico porque em uma determinada área, que, olhem só, hoje corresponde à zona de produção, há, ou havia, muitos bosques.

Minha vontade é dizer que demasiados historiadores locais ou talvez demasiados consultores preguiçosos, encarregados de fazer os sites dos consórcios de tutela, leram os livros de Massimo Montanari, que é o nosso historiador da alimentação mais famoso e que relatou bem até demais como acontecia a criação suína na Itália na Idade Média; de fato, os bosques eram o local onde tradicionalmente os porcos eram criados no estado selvagem. Ora, a questão é que, bem ou mal, na Idade Média, os bosques extensos estavam por toda a Itália centro-setentrional; não é que em Carpegna ou na região de Pádua houvesse mais bosques que na Ligúria ou na província de Brescia. Então, a presença de bosques por um lado não explica nada, e por outro não marca uma diferença real entre as áreas de produção dos presuntos e aquelas onde, talvez, fossem produzidas outras especialidades com carne de porco.

E ainda tem a história do sal. Em Parma, por exemplo, afirmam que por aqueles lados o presunto era feito já na Antiguidade graças à alta disponibilidade do sal, que era extraído da região de Salsomaggiore. O mesmo é dito em Carpegna, como vimos, com referência às salinas de Cervia. Vai saber como é que se fazia em Modena, em Norcia, em Montagnana, no vale de Aosta e em Cuneo sem salinas à disposição e sem o mar por perto! É outro caso com forte suspeita de que a história tenha sido manipulada para moldar-se àquilo que se quer demonstrar. Para ser mais claro, ou o sal é um fator de localidade ou não é; não pode ser um elemento decisivo quando há sal e totalmente ignorado quando não há sal.

No que se refere a Carpegna, há, além disso, um problema lógico: afirmam que o primeiro documento que atesta a produção de presuntos por aqueles lados é "uma lei" dos anos 1400 que veta a exportação, isso quer dizer que poucos porcos eram criados e que se produzia muito menos charcutaria, a ponto de não se conseguir suprir nem mesmo a demanda local; de outra forma, que motivo haveria para vetar a venda de "porcos e carnes salgadas" a outros lugares? Segundo os princípios econômicos do período, mas também segundo os atuais, se em uma região uma produção de qualidade é excedente, existe todo um interesse em favorecer sua exportação, em vez de proibi-la.

Para resumir, salgar, defumar e ensacar sempre foram os modos mais difusos para conservar a carne e em particular a carne de porco, que se prestava, melhor do que outras carnes, a certos tipos de conservação. Não há nenhum motivo específico para identificar, nas áreas que hoje estão sob DOP ou

IGP, elementos que de alguma forma as diferenciem historicamente de muitas outras regiões da Itália centro-setentrional no que se refere à produção de presuntos.

Por fim, algumas denominações são totalmente ilógicas, mesmo que aceitemos a vulgata que diz que esses conhecimentos são sedimentados ao longo dos séculos e passados de geração em geração. Qual o sentido, por exemplo, de declarar que o Prosciutto Toscano existe há mais de mil anos? Alguém diria que desde a época de Carlos Magno se usavam os mesmos métodos para produzir os presuntos, de Carrara a Grosseto?

As zonas de produção que recaem sob a tutela dos consórcios às vezes são extensas demais, como no caso justamente do Prosciutto Toscano, e às vezes limitadas demais, como as do presunto de Sauris e do San Daniele, que na prática correspondem ao território de uma só comuna. É claro que aqui tem alguma coisa que não cheira bem, que se trata de operações comerciais, de tutela da renda e de marketing muito recentes e que nada têm a ver com a história.

Não, a história não tem nada a ver com isso. O que tem a ver é, sim, a capacidade dos operadores locais de agir em conjunto e de intuir que um selo de qualidade e a exaltação de antigas tradições são fatores que podem influenciar positivamente os consumidores. O exemplo do Prosciutto di Parma, que foi modelo para todos os outros que nos últimos vinte anos conseguiram sua denominação, está ali para provar isso; até alguns anos atrás a diferença entre um Prosciutto di Parma e um outro presunto "genérico" qualquer não dependia da qualidade do produto, mas da denominação. Ainda hoje o Parma consegue ter um preço 12% a 13% maior do que a média dos preços dos outros presuntos italianos, inclusive aqueles que nesse meio-tempo conseguiram uma denominação, com exclusão do San Daniele, que chega a alcançar um preço 15% maior.

Ficou claro, então, que para poder competir com um produto já tão forte e conhecido como o Parma era preciso focar nos elementos distintivos e identitários de forma muito marcada. Mas, como vimos com as diferenças de preço, isso valia a pena e, mesmo com o custo de afirmar coisas evidentemente ilógicas, era conveniente que os produtores se unissem. O dado curioso é que o Consórcio do Prosciutto di Parma nasceu em 1963, dois anos depois do Consórcio do Prosciutto di San Daniele, mas a força e a estratégia agressiva dos cidadãos de Parma permitiram que seu presunto fosse o único com uma marca conhecida na Itália por pelo menos vinte anos. Talvez seja o caso de lembrar que, nos guias turísticos Baedeker do fim do século XIX e começo do século XX, os guias mais renomados em nível europeu, aqui e ali se fala do presunto toscano, mas o de Parma não é de modo algum citado. A reputação do Parma foi inteiramente construída na segunda metade do século XX.

Apenas nos anos 1980 (sempre por volta dessa época) os produtores de outras regiões também compreenderam a importância de uma ação promocional de marca coletiva seguindo o modelo de Parma. Hoje, porém, é muito difícil para os outros presuntos competir com o Parma, tanto no mercado interno quanto no internacional. Somente o San Daniele, que se promove há muito tempo, conquistou uma identidade específica toda sua. É preciso ter em mente que o Prosciutto di Parma representa ainda cerca de 40% do mercado italiano de presuntos crus; o San Daniele, cerca de 15%; os demais 45% são divididos entre todos os outros, inclusive os sem denominação.

Por ora, as pseudorreconstruções históricas estimularam sobretudo o orgulho local e permitiram que fossem organizadas festas e *sagre*; enfim, parece que a história na Itália serve especialmente para isso.

8.
A verdade amarga sobre o Dolcetto

Vamos dizer a verdade, falar de tipicidades inventadas no que se refere a vinhos é como tirar doce de criança: fácil demais. No caso de alguns vinhos piemonteses, então, atingiram níveis inimagináveis apenas há alguns anos, e como na Itália existe a tendência quase natural de imitar os maus exemplos, e não os bons, contar o que aconteceu e o que está acontecendo por aqueles lados pode não ser inútil. Então vou contar para vocês a curiosa história dos vinhos produzidos com a uva dolcetto nas províncias de Alessandria, Asti e Cuneo, mas com a consciência de que histórias análogas ocorrem também com outros vinhos.

Em maio de 2017, por exemplo, foi publicado um interessante artigo sobre as denominações do vinho barbera produzido na província de Asti. Na prática, o mesmo lote de terreno com uma única casta de uva (barbera, justamente) pode ser inscrito em sete denominações diversas: Nizza DOCG, Barbera d'Asti DOCG, Barbera del Monferrato Superiore DOCG, Barbera del Monferrato DOC, Piemonte Barbera DOC, Monferrato Rosso DOC e por fim Piemonte Rosso DOC. É evidente que o sistema das denominações, ao menos nesse caso, colapsou por completo, e perdeu totalmente sua razão de ser. Talvez seja o momento de lembrar para que servem, ou pelo menos para que deveriam servir, as denominações de origem; eu o farei sem incomodar o velho Marx (Karl, não Groucho), que pela primeira vez apontou o problema da qualidade do vinho do ponto de vista econômico, demonstrando implicitamente como o propósito da demarcação de determinado território para determinado vinho não é garantir os padrões do próprio vinho, mas sim assegurar um lucro mais alto aos produtores e uma renda mais alta aos proprietários dos terrenos na área demarcada. Em essência, a questão ainda é esta: a denominação serve para tutelar um vinho vendido sobretudo fora da área de produção contra as tentativas de imitação e de uma excessiva queda de qualidade que poderia ameaçar os rendimentos fundiários e os lucros dos produtores. Na prática, instituir uma denominação significa criar um tipo de monopólio artificial: apenas quem tem vinhedos naquela área pode produzir aquele vinho. Mas é, porém, necessário que os produtores sejam capazes de garantir determinados padrões qualitativos ao vinho com denominação, que de outra forma perderia sua razão de ser. É para isso que deveriam servir os consórcios de tutela.

Ora, é claro que se no mesmo vinhedo e com o mesmo cacho de uva se podem produzir, por exemplo, os sete tipos de vinho DOC ou DOCG listados antes, a tutela para o produtor e a garantia para o consumidor vão por água abaixo. Na realidade, há alguém que ganha com essa situação absurda, e é o produtor espertinho e pouco interessado na qualidade do produto, que, porém, terá reconhecida uma pequena vantagem econômica, aplicando um preço superior àquele que aplicaria se o seu vinho feito com não tanto cuidado fosse vendido sem denominação. Tudo isso acontece em detrimento tanto do consumidor, que corre o risco de comprar vinhos DOC de baixa qualidade, quanto dos bons produtores, que dificilmente conseguirão fazer com que seus vinhos apareçam no meio daquela selva de rótulos que ostentam a mesma denominação.

No Piemonte, e não apenas nessa região, por azar, a proliferação de denominações é fruto de pressões locais cada vez mais fortes, mas também de uma política cada vez mais míope e fraca, que não é capaz de orientar verdadeiramente o desenvolvimento de um território e prefere satisfazer as exigências de produtores inescrupulosos, terminando por desacreditar setores produtivos inteiros. É por isso que vemos mais e mais prefeitos, assessores, presidentes de província ou de região empenhando-se exaustivamente para obter uma nova denominação, quem sabe superior a outras já existentes, como se apenas isso bastasse para garantir o desenvolvimento de seus territórios. O que pode acontecer a um território quando uma denominação perde sua razão de ser nós já vimos algumas décadas atrás com o Chianti da Toscana, quando os melhores produtores progressivamente abandonaram esse vinho e a sua área, e deslocaram suas empresas para zonas não cobertas por marcas de tutela.

Mas chegamos aos nossos dolcettos do Piemonte. Excluindo-se alguns vinhos DOC e DOCG piemonteses, como Barbera del Monferrato Superiore, que preveem no caderno de especificações técnicas, ou regulamento de uso, a possibilidade de usar certo percentual de uva dolcetto, os vinhos obtidos dessa videira e dotados de denominação são, ao todo, dezessete, aos quais devem ser acrescentados outros dez entre vinhos lígures e da província de Turim, cujo regulamento de uso consente a utilização de um percentual de uva dolcetto que pode chegar até 100%, mas que têm denominações diversas. Os dezessete dolcettos estão concentrados, como dito, nas províncias de Alessandria, Asti e Cuneo, com uma sobreposição e um cruzamento de áreas de certa forma inextricáveis e por certo incompreensíveis.

Assim como acontece com o produtor de barbera da província de Asti — já falamos disso —, até mesmo um hipotético produtor de dolcetto da província de Cuneo pode escolher atribuir ao seu vinho uma das seguintes denominações (a escolher): Dolcetto d'Alba, Dolcetto d'Alba Superiore, Dolcetto delle Langhe Monregalesi Superiore, Dolcetto Langhe, Pinerolese Dolcetto, Dogliani, neste último caso com algumas limitações. São, portanto, seis denominações para o mesmo território e a mesma uva, algumas DOC e algumas DOCG.

Na província de Asti, as coisas vão um pouco melhor. Lá, os dolcettos são "apenas" cinco, enquanto na província de Alessandria perderam o controle da situação: os dolcettos são nove! Já sei, vocês estão fazendo as contas: 6 + 5 + 9 não dá dezessete, mas o fato é que muitas denominações cobrem mais províncias e, aqui está a parte boa, porque na realidade as denominações são, no total, treze, e as quatro que faltam para dar dezessete se referem a algumas comunas de uma das três províncias. De fato, a tendência parece ser esta: partindo-se de denominações que cobrem uma província inteira, se não duas, como Dolcetto d'Alba ou Monferrato Dolcetto, tenta-se retalhar uma porção do território à qual se reconhecem elementos identitários superiores e cujo vinho deveria ter características específicas. Obviamente, também aos produtores dessas áreas restritas é sempre concedida a faculdade de produzir dolcettos de denominações mais amplas.

Os quatro "superdolcettos", vamos chamar assim, são o Dogliani, o Dolcetto di Ovada, o Dolcetto di Ovada Superiore e o Dolcetto di Diano d'Alba. O vinho produzido em Ovada e região obteve a DOCG em 2008; o Diano d'Alba, em 2010; enquanto o Dogliani, que é o resultado da fusão de três denominações anteriores, a obteve em 2011.

Como dissemos, na prática trata-se de porções de território, mais ou menos extensas, às quais se atribui uma característica específica no que se refere à produção vinícola. Aqui também, é inútil dizer, há a usual orgia de registros históricos, documentos medievais, elementos arqueológicos e memórias orais que justificam essas tipicidades ao cubo. E essa tendência parece estar longe de acabar, se é verdade que também na área do Dolcetto d'Alba DOC, que corresponde às províncias inteiras de Asti e Cuneo, está-se tentando retalhar uma subzona chamada "dos terraços", que deve então levar a mais uma denominação.

Enfim, parece mesmo que ninguém tem intenção de pôr ordem nessa selva; aliás, parece que há justamente a vontade de aumentar a confusão, sobretudo para o consumidor. Alguém pode dizer que não, que um sistema similar existe na tão elogiada Borgonha, com os seus famosos quatro níveis de Appellation d'Origine Contrôlée (AOC). O fato é que nessa região da França, os quatro níveis, do regional ao *grand cru*, constituem uma hierarquia precisa e conhecida tanto dos produtores quanto dos consumidores. Na Itália, porém, um produtor escolhe livremente onde registrar seu vinhedo; na base, é claro, há sempre uma presunção, tipicamente italiana, de que as DOCG são todas iguais, assim como as DOC, o que obviamente não é verdade e não pode ser verdade. Aliás, vou adiante: não deve ser verdade.

Pode-se morrer de tipicidade e denominações, mas pode-se morrer sobretudo pela ausência de uma política agrária digna desse nome. Da mesma forma, há décadas a indústria italiana está morrendo por falta de uma política industrial. O fato é que fazer uma política para um setor significa escolher, significa deixar alguém descontente em favor do interesse coletivo. Na Itália, continua-se a agir como agiu Carlos V, que, em 1541, para se libertar dos asfixiantes pedidos de títulos e distinções, nomeou cavaleiros todos os cidadãos de Alghero com a famosa frase "*Estad todos caballeros*"; mas se todos são cavaleiros, isso quer dizer que ninguém é cavaleiro de verdade, e que aquele nobre título não nos diz nada.

9.
O panetone nasceu pagnotta

Sobre o panetone, já se falou e se escreveu muito. Mas entre as tantas histórias existem algumas sem dúvida curiosas. Um exemplo frequentemente lembrado é o do marechal de campo Ficquelmont, chanceler do Reino Lombardo-Vêneto, que no Natal costumava dar panetone de presente ao príncipe de Metternich, chanceler do Estado austríaco de 1821 a 1848. Na realidade, não fica claro como e por que Ficquelmont deveria dar panetone de presente a Metternich. Entre outras coisas, se observarmos bem, Ficquelmont permaneceu em Milão de outubro de 1847 a março de 1848 e, portanto, mesmo admitindo que ele fosse alucinado por panetone, poderia tê-lo oferecido em homenagem ao velho príncipe apenas uma vez. Enfim, nesse caso também a narrativa faz com que a gente torça um pouco o nariz.

Se, porém, confrontarmos essa história com aquelas, mais bem documentadas, das indústrias de confeitaria que vincularam seu nome ao panetone, como a Motta e a Alemagna, logo suspeitamos que, se o chanceler do Lombardo-Vêneto tivesse de verdade presenteado o primeiro-ministro austríaco com o panetone de meados do século XIX, o político quase certamente teria ficado chateado. Talvez não deixasse transparecer e, com a típica postura rígida e controlada da corte de Habsburgo, esboçasse um sorriso. Mas, por certo, assim que possível teria passado adiante aquela pagnotta* tão estranha a algum servo capaz de apreciá-la.

---

* Em português, pronuncia-se "panhota".

Uma pagnotta estranha: esse era o panetone, até que Angelo Motta entrou em cena. De fato, no site da Motta está escrito:

> Angelo Motta, nascido em 1890, depois de um longo e precoce aprendizado como confeiteiro, em 1919 abriu o primeiro forno com seu nome na Via Chiusa, em Milão. Na época, o panetone ainda era baixo e compacto, mas ele, retomando o antigo método da fermentação natural, revoluciona sua massa e sua forma, inaugurando a "nova" tradição do panetone alto com cúpula de batistério, mais macio e com mais uvas-passas.

Até 1919 o panetone então era ainda "baixo e compacto", mas o confeiteiro Motta colocou fermento, tornando-o alto e macio, e adicionou mais uva-passa. Enfim, até 1919 o panetone tem toda a cara de ser uma *schiacciata*, a focaccia rústica da Toscana, com talvez um pouco de uva-passa, mas não tanta. Ora, vocês realmente conseguem visualizar o chanceler do Lombardo-Vêneto dando um pedaço de *schiacciata* ao primeiro-ministro do Império Austríaco?

Em alguns textos de cozinha do fim do século XIX, esse pão doce nem aparece ligado às festividades natalinas, o que o tornaria ainda mais ordinário e simples na sua preparação. Mas o site da Motta nos diz algo mais; o caro Angelo, com efeito, "revoluciona sua massa e sua forma, inaugurando a 'nova' tradição do panetone alto". Aqui sentimos de longe o cheiro do nosso amigo Hobsbawm, o historiador inglês que introduziu o conceito de "invenção da tradição". De fato, como diria o grande estudioso que já citamos antes, estamos diante de algo que poderia ser uma tradição inventada do zero ou uma nova tradição que se enxerta em algo que já existia. Enfim, aqui se inauguram "novas" tradições, e essa expressão, se vocês quiserem, é um oximoro extraordinário, mas deve ser levada ao pé da letra. A tradição, como disse Oscar Wilde, nada mais é do que uma inovação de sucesso.

Para entendermos o que realmente aconteceu, devemos dar um pequeno salto no tempo e ir para 1930. Angelo Motta, que havia dez anos já tinha o seu belo laboratório de confeitaria na Via Chiusa, e em todo Natal, mas talvez também durante o resto do ano, tirava do forno seus estranhos panetones altos e macios, comprou um galpão em desuso no Viale Corsica para produzir o seu panetone de maneira industrial. Nesse intervalo, outro confeiteiro, Gioachino Alemagna, que já possuía um forno em Melegnano havia muito tempo, tinha inaugurado no próprio centro de Milão duas confeitarias, uma na então Via Carlo Alberto e a outra na Via Manzoni. Alemagna não pode tirar de Motta o mérito de ter inventado o panetone, mesmo que tente fazer isso, mas pode sem dúvida tirar de Motta a primazia da produção industrial: Alemagna, realmente, em 1937 comprou uma antiga fábrica de fiação na Via Silva, também em Milão, e a transformou em uma moderna fábrica de confeitaria, capaz de competir em pé de igualdade com a já estabelecida fábrica da Motta.

Para sermos claros, na segunda metade dos anos 1930 em Milão a produção artesanal dos panetones era praticamente inexistente, mesmo que não seja possível excluir o fato de que algum laboratório tivesse tentado propor a ideia; os milaneses, no entanto, como todos os outros italianos, se quisessem comprar um panetone para o Natal, comprariam um Motta ou um Alemagna. Os principais laboratórios, aquele que havia pertencido a Motta alguns anos antes, e o outro, de Alemagna, cuja produção artesanal de panetones, porém, ainda precisa ser demonstrada, tinham imediatamente se transformado em indústrias em rápida expansão, onde eram aplicadas, tanto quanto possível, as teorias tayloristas que tentavam racionalizar o trabalho na fábrica, tornando-o mais eficiente e produtivo, até chegar à linha de montagem típica da indústria automobilística. O mercado dos panetones logo se tornou nacional e foi impulsionado, como aconteceu com outros tantos produtos típicos, pela consistente demanda estrangeira representada pelos emigrados, que não encontravam ali, evidentemente, um doce de sua tradição, mas que consideravam o panetone um elemento identitário e de distinção em relação aos costumes dos países que os acolheram.

E, esse é o ponto, é necessário tentar entender os motivos que fizeram do panetone o doce típico do Natal para todos os italianos, ou quase todos. Não devemos esquecer, por certo, que o sucesso do panetone em escala nacional foi quase imediato; já às vésperas da Segunda Guerra Mundial, a produção total dos dois estabelecimentos, Motta e Alemagna, atingiu níveis consideráveis, da ordem de 100 mil peças por ano. O crescimento sofreu um revés no período bélico, isso sim. Teve dificuldade na retomada nos difíceis anos da reconstrução, para logo depois presenciar um verdadeiro boom ao longo dos anos 1950 e 1960. Com os anos 1970, rompeu-se o duopólio Motta-Alemagna e entraram em cena novos produtores não necessariamente milaneses; em particular, os aguerridos empreendedores de Verona, que, depois de seu *pandoro* ter se estabelecido como alternativa nacional ao panetone, se lançaram também à produção deste último, conquistando fatias cada vez mais amplas desse mercado específico. Enfim, o próprio *pandoro* de Verona e, em menor medida, o *panforte* de Siena naqueles mesmos anos abalaram a monolítica primazia do panetone como doce natalino por excelência.

É exatamente a entrada em cena do *pandoro* e do *panforte*, nos anos 1970, que nos permite compreender um pouco do sucesso até aquele momento inatacável do panetone. Esses dois produtos, inventados e artificiais como o panetone, se não mais ainda, respondiam a uma nova exigência dos italianos à qual o doce milanês sozinho não podia mais corresponder. Antes da guerra, na Itália que estava se embriagando com o mito do Império, lançada em direção a um futuro delirante feito de autarquia, conquistas mirabolantes e primazias industriais apenas sonhadas, o panetone podia representar tudo isso: algo novo, evidentemente industrial e moderno, mas que ao mesmo tempo tinha uma ligação com a tradição, verdadeira ou presumida. Além disso, o panetone vinha de Milão, a cidade mais moderna, mais luminosa e mais rica da Itália, e uma família italiana de Avellino, de Macerata ou de Belluno podia sonhar pelo menos uma vez por ano em ser, ela também, participante daquela modernidade e riqueza. E esse sonho prosseguiu, ou melhor, ficou mais forte nos anos do milagre econômico, durante os quais Milão se tornou ainda mais a meta e uma esperança de resgate para milhões de italianos.

O panetone tinha também as características, quanto a ingredientes e forma, para representar tudo isso; na Itália pobre dos anos 1930 e naquela cada vez menos pobre do pós-guerra, mas a cada dia com mais medo de perder os pedacinhos de bem-estar que com tanta dificuldade conquistava, aquelas frutas cristalizadas e aquelas uvas-passas davam alguma certeza a mais, e a um bom preço. E as belas caixas de papelão colorido, tão diferentes das embalagens de papel que embrulhavam os alimentos comprados em tantas lojas e que os italianos levavam para casa, estavam ali justamente para significar que a Itália estava mudando, e para melhor.

Mas nos anos 1970 tudo isso não foi mais suficiente. A Itália otimista e um pouco ingênua dos vinte anos anteriores deu espaço a um país mais rico e complexo. A grande indústria entrou na sua fase de declínio e, por sua vez, estabeleceram-se os cem distritos industriais: também nesse caso específico a troca entre bem-estar e perda de identidade não parecia mais tão vantajosa como até aquele momento tinha parecido. E então o panetone, produto evidentemente industrial e padronizado, começou a agradar menos, ou melhor, passou a ter muitos concorrentes e muitas alternativas. Cada vez mais os italianos procuravam outra coisa: o *pandoro*, o *panforte*, a *spongata* e mil outros doces natalinos que não atravessavam os limites da comuna ou da província onde haviam nascido, mas que em nível local concorriam com o panetone industrial. Com um mecanismo de mercado até que bem previsível, o crescimento do bem-estar diversificou a demanda; as indústrias de confeitaria não puderam fazer outra coisa a não ser responder com panetone recheado, sem frutas cristalizadas, com glacê, ou então com *pandoro* com creme ou chocolate, ou então com *tartufone* com cobertura e tudo o mais que pudermos pensar.

E assim, o glorioso panetone inventado há quase cem anos por Angelo Motta, espezinhado, adulterado e cada vez menos amado, voltou para casa, para Milão. Entre os anos 1980 e 1990, cada vez mais fornos e confeitarias milanesas começaram a produzir panetones artesanais. Até aquele momento, quase ninguém teria pensado em fazer isso: um panetone artesanal era um oximoro. Mas o paradoxo era que, enquanto tantos territórios redescobriram ou inventaram os próprios doces natalinos, para Milão isso era impossível; Milão é a cidade do panetone, ou melhor, o panetone é o doce de Milão, todo mundo sabia disso, tratava-se apenas de entender isso também em Milão e agir de acordo. Com uma bizarra caminhada ao revés, há uns trinta anos o panetone finalmente começou a ser aquilo que na prática nunca tinha sido: um produto artesanal, ligado a um território.

10.
Africanos comedores de espaguete

Não há nada mais italiano do que um belo prato de espaguete ao pomodoro. Não há nada que possa deprimir mais um viajante italiano do que um prato de pasta malcozido e mal temperado. Mais do que o Hino de Mameli e do que a Constituição Republicana, a pasta é um pedaço irrenunciável da identidade nacional. Na "Introdução", já falei da história antiga desse prato, de como no fundo é menos italiano do que em geral se acredita e, sobretudo, de como seu consumo maciço começou fora dos limites nacionais, em particular na América do Norte. Mas além dessas sutilezas de historiador, permanece o fato de que hoje a pasta sem dúvida é uma das comidas preferidas dos italianos e que na Itália nós liberamos nossa criatividade inventando, praticamente todo dia, novos formatos e novos condimentos. Mas como é produzida a pasta, onde e com quais matérias-primas?

Não é minha intenção reconstruir a história heroica dos produtores de pasta de Gragnano, porque eles também não estão pra brincadeira quando o assunto é mitos e lendas, mas quero ir direto ao núcleo dessa história, isto é, quando a pasta realmente começa a ser um produto nacional. Como eu disse, os italianos se tornaram *mangiamaccheroni* na América, mas então muitos retornaram e manifestaram a absurda pretensão de continuar vivendo como viviam do outro lado do Atlântico. Assim, bem devagar, a partir dos anos 1920 e 1930, o consumo de pasta na Itália começou a crescer. Depois da Segunda

Guerra Mundial, e precisamente dos anos 1950 em diante, os italianos não pararam mais de comer pasta; mas a gente chega lá, tenham um pouquinho de paciência. Vamos nos deter um momento no período entre as duas guerras.

Nesse período, o protagonista absoluto da nossa história é o geneticista da região de Marcas chamado Nazareno Strampelli (1866-1942), o inventor do célebre grano duro Senatore Cappelli, que por décadas foi o mais utilizado para a produção de pasta. Strampelli havia começado suas pesquisas no âmbito agronômico já antes da Grande Guerra; na realidade, o objetivo de seus estudos não era obter um grano duro particularmente valioso e destinado à produção de pasta, mas sim incrementar a produtividade das variedades de grano tenero cultivadas na Itália e usadas na panificação. O objetivo, como é óbvio, não era produzir uma pasta que mantivesse o cozimento, na qual naquele momento ninguém pensava, mas poder ter mais pão a um preço mais baixo. Por meio de um paciente trabalho de cruzamentos e experimentos práticos, Strampelli conseguiu criar uma variedade de grano tenero particularmente produtiva e resistente a muitas doenças: o grano Ardito.

Nesse ponto entrou em cena a política e, como estamos no início dos anos 1920, falar de política na Itália significa falar do fascismo e de Mussolini. A Itália era gravemente deficitária no que se referia à produção de trigo; na prática, um terço do pão italiano era produzido com trigo importado. Obviamente isso incidia de maneira pesada na balança comercial do país. Em 1925, o governo decidiu enfrentar de peito aberto esse problema e assim começou a famosa "Batalha pelo Trigo". Aqui não nos interessa discutir os êxitos dessa batalha; basta lembrar que nosso Nazareno Strampelli e seu grano Ardito foram protagonistas absolutos dessa época política. Graças ao papel político que ele teve nesse período e aos indiscutíveis triunfos que conseguiu alcançar, Strampelli teve a possibilidade de continuar os estudos que vinha fazendo desde 1907 sobre o grano duro. O seu grano Senatore Cappelli, assim chamado em homenagem a Raffaele Cappelli, o primeiro a financiar suas pesquisas, tornou-se em pouco tempo o grano duro mais difundido na Itália, sempre em virtude de seus maiores rendimentos em relação aos das outras variedades normalmente em uso. Na prática, às vésperas da Segunda Guerra Mundial, os tradicionais grãos italianos (duro ou tenero) haviam sido completamente suplantados pelos cruzamentos criados por Strampelli. Mais uma vez repito que para nós é impossível conhecer o sabor, o aspecto, a consistência da pasta que se comia na Itália há apenas oitenta anos.

Entre as circunstâncias mais curiosas dessa história está também o fato de que o Senatore Cappelli era fruto de cruzamentos de muitas variedades de grãos, entre as quais, em particular, uma proveniente da Tunísia. Podemos dizer que a pasta italiana foi, por muito tempo, mais africana que italiana, no sentido estrito.

Mas há outros elementos que estão entre a política e a genética e que tornam a história contemporânea da pasta italiana particularmente interessante. Essa história, realmente, não termina depois da guerra, depois da morte de Strampelli, mas sim depois da queda do regime fascista. As pesquisas utilizaram novos instrumentos, os cruzamentos manuais de Strampelli foram substituídos pelo uso de radiações que, de maneira acidental, fizeram modificações genéticas nas variedades de grão, até que foram obtidos grãos com rendimentos superiores até em relação ao Senatore Cappelli. O mais famoso é o grano Creso, criado no fim dos anos 1960 e que entrou no comércio em 1974. Daquele momento em diante, suplantou o Senatore Cappelli, do qual, porém, é uma derivação direta. Na prática, o grano duro italiano com o qual se faz a nossa famosa pasta é resultado da manipulação genética de um grão africano.

Não, esperem, eu disse que com o grano duro italiano se faz pasta? Sim, eu disse isso, mas isso é apenas meia verdade. Eu já havia dito que a política reentraria em cena, mesmo que, na realidade, nunca tenha saído. O fato é que, nos últimos trinta anos, os pastifícios italianos ganharam uma reputação internacional também graças a produtos de qualidade cada vez maior. Ora, a qualidade de uma pasta é determinada sobretudo pela quantidade de proteínas contidas na farinha com a qual é produzida. Ao que parece, alguns produtores estrangeiros selecionaram grãos de alto teor proteico e, em consequência, os fabricantes de pasta italianos cada vez mais recorreram a eles para o aprovisionamento da matéria-prima. O resultado é que hoje mais de um terço da pasta italiana é produzida com grãos não italianos, e essa cota parece estar em constante crescimento.

Recorrer a grãos importados não é uma questão de custos: de fato, na primeira metade de 2017 o grano duro italiano custava cerca de vinte euros por cem quilos, enquanto, por exemplo, o tão malquisto grão canadense custava 26. Portanto, é evidente que o problema é justamente a qualidade do nosso grão, que não é mais capaz de responder aos padrões qualitativos impostos pelos pastifícios.

As respostas furiosas do mundo agrícola e também de boa parte da política demonstram como, mais uma vez, o made in Italy é bradado como uma clava em nome de um neoprotecionismo que tem muito pouco a ver com a tão aclamada excelência. A nova cruzada contra o grão canadense, por exemplo, caracteriza-se por uma surpreendente semelhança com a "Batalha pelo Trigo": mais uma vez existem pretensões autárquicas irracionais que acabariam por penalizar uma importante indústria nacional.

As associações agrícolas falaram de concorrência desleal e o governo, no verão de 2017, decretou aos produtores de pasta a obrigação de declarar na etiqueta os países em que são cultivados e moídos os grãos utilizados.

Se a venda a um preço mais alto é considerada concorrência desleal, isso significa que é exatamente a existência da concorrência que é considerada "desleal": basta dizê-lo, evitando, porém, nos vangloriarmos quando são os nossos produtos que conquistam os mercados estrangeiros. O protecionismo de mão única não existe, infelizmente (ou por sorte). Seria o cúmulo se daqui a alguns anos a Itália acabasse sendo o único país em que não se pode mais produzir pasta de qualidade.

11.
A verdade ácida do balsâmico

Levante a mão quem comprou pelo menos uma vez na vida uma garrafa mais ou menos grande de Aceto Balsamico di Modena IGP ou já teve ocasião de temperar alguma coisa com esse produto. Bom, todos vocês, eu acho. Já esperava por isso. Agora levante a mão quem comprou ou usou o Aceto Balsamico Tradizionale di Modena e Reggio Emilia DOP. Não banquem os espertos, eu sei que pouquíssimos de vocês realmente o experimentaram, que quase ninguém comprou e, se comprou, certamente não foi no supermercado da esquina. O fato é que esse adjetivo, "balsâmico", identifica dois produtos que na prática não têm nada a ver um com o outro. Se, então, juntarmos a isso o fato de que a zona de produção dos dois vinagres é praticamente a mesma, é evidente que a confusão se torna automática.

Como sempre, a confusão é filha de uma história e de escolhas políticas e econômicas bem precisas. Então vamos começar com a história, porque da política vamos falar depois.

O vinagre balsâmico é um produto com uma história muito longa, na qual, é inútil dizer, se misturam dados incontestáveis com lendas evidentes e outros exageros também evidentes. A lenda diz que os antigos romanos (e quem mais?) já conheciam as virtudes do mosto de uva fermentado, mas trata-se, justamente, de uma narrativa que não é sustentada por documentações históricas. Até mesmo se nos movermos até a Idade Média, algumas reconstruções baseadas em documentos daquele período não têm nenhuma consistência. Claro, se fizermos como os cidadãos de Modena e de Reggio Emilia, que toda vez que leem a palavra "mosto" ou "vinagre" em algum manuscrito antigo encontram a confirmação irrefutável de que o vinagre balsâmico já era conhecido naquelas bandas, não tem problema; porém, deixem-me dizer que a pesquisa histórica precisa de um pouquinho mais de rigor e de seriedade, mesmo porque, se esse método valesse, é bem provável que encontrássemos centenas de cidades grandes e pequenas italianas capazes de se vangloriar de antiquíssimas tradições "balsâmicas".

Com efeito, é exatamente o que aconteceu quando se descobriu que se fazia alusão ao vinagre no poema "Vita Mathildis", escrito em 1115. Como a Matilde em questão é a célebre Matilde di Canossa e como Canossa fica na província de Reggio Emilia, seus cidadãos fizeram uma balbúrdia dizendo que o vinagre deles é mais antigo que o de Modena. Preste atenção: estamos falando do vinagre genérico, não do balsâmico, adjetivo, que apareceria apenas muitos séculos depois. De qualquer forma, o resultado final de todo esse teatrinho é que agora existem dois vinagres balsâmicos tradicionais DOP, dois consórcios de tutela e dois regulamentos de uso praticamente idênticos, mas com as palavras "Modena" e "modenese" de um regulamento substituídas no outro pelas palavras "Reggio Emilia" e "reggiano".

Antes de chegarmos aos consórcios e às denominações, devemos atravessar ainda alguns séculos. No século XIII, por exemplo, Obizzo II d'Este se tornou senhor de Modena e parece que em seu novo palácio se conservavam muitos barris de vinagre. Digo "parece" porque essas curiosas anotações nos chegam por meio de um cronista que viveu quinhentos anos depois do tirânico Obizzo. Até mesmo Lodovico Ariosto, de Reggio Emilia, aqui e ali fala de vinagre, mas como ele é feito e qual sabor tem esse condimento, obviamente Ariosto não nos diz. E assim finalmente chegamos ao século XVIII e pela primeira vez, nos registros contábeis de Casa d'Este, lemos claramente o adjetivo "balsâmico" referido ao substantivo "vinagre"; estamos exatamente em 1747. Bom, vocês vão dizer, na pior das hipóteses o vinagre balsâmico tem 270 anos de história, o que não é pouco, de forma alguma. Calma, segurem seu entusiasmo, não há nada que nos leve a afirmar com certeza que o vinagre balsâmico dos anos 1700, citado naqueles registros, é igual ao de hoje. Aliás, quem conhece um pouquinho do léxico da época é mais facilmente levado a crer que o termo "balsâmico" indique sobretudo um vinagre aromatizado de alguma maneira, talvez com uma bela quantidade de especiarias adicionadas.

Mas deixemos para lá esses pensamentos ruins e vamos dizer que acreditamos na vulgata que identifica no produto de hoje o herdeiro direto dessa história milenar. Então, a despeito de quando tenham começado a fazê-lo, para nós, hoje, o vinagre balsâmico tradicional é resultado da acidificação do mosto colhido de uvas provenientes exclusivamente das províncias de Modena e Reggio Emilia (de acordo com a denominação), envelhecido por pelo menos doze anos. Não vou entrar na selva dos vários rótulos e dos diversos envelhecimentos, do mesmo modo que evito explorar o fabuloso mundo das diversas madeiras com que são produzidos os barris em que o vinagre é colocado para envelhecer. O que me interessa ressaltar é que o vinagre balsâmico tradicional é um produto refinadíssimo, no qual a sabedoria do produtor prevalece sobre as normas impostas pelos regulamentos ao determinar a qualidade do resultado final.

É desnecessário dizer que esse cuidado e essa artesanalidade, unidos ao longo tempo de envelhecimento, fazem do vinagre balsâmico tradicional um produto raro e caríssimo:

para deixar bem claro, o preço de um litro varia entre quatrocentos e 1500 euros, dependendo da qualidade e do envelhecimento. Por isso eu dizia no início que bem poucos tiveram a sorte de prová-lo e menos ainda são os que podem se permitir comprá-lo.

Falar sobre preço de vinagre balsâmico é, porém, um pouco forçado, porque na realidade esse produto nunca teve uma dimensão comercial, e sempre foi produzido em algumas casas nobres e burguesas para consumo próprio ou como objeto social de troca e representação. Um pouco como as passatas de tomate ou as geleias de frutas feitas em casa, mesmo que, obviamente, em níveis de sofisticação e de sabedoria técnica bem superiores. Além disso, a produção atual de vinagre balsâmico tradicional gira em torno dos 10 mil litros por ano e de qualquer forma se trata de um número elevadíssimo se comparado à produção de algumas décadas atrás, quando para esse produto não existiam canais comerciais.

Quando nasceram esses canais comerciais? Eis uma pergunta interessante, e que nos permite observar a história sob uma ótica totalmente nova. Pois bem, dizíamos que até algum tempo atrás era quase impossível comprar nas lojas algumas gotas de vinagre balsâmico tradicional. Era preciso ir até Modena ou Reggio e tentar fazer amizade com alguém que possuísse um lugar específico para produção de vinagre e um conjunto de barris no qual ele era envelhecido. Obviamente, era preciso também ter muita sorte e encontrar um bom produtor, que talvez tivesse herdado os barris do pai ou do avô.

Em todo caso, essa modalidade pseudocomercial, combinada com a atividade folclórica por parte das várias associações e confrarias, tinha de alguma forma alimentado o mito desse extraordinário produto que se produzia nas casas particulares entre Modena e Reggio Emilia. Em meados dos anos 1970, os melhores restaurantes, mesmo fora da área de produção, descobriram esse condimento especial e começaram a oferecê--lo em receitas cada vez mais ricas e apreciadas.

Foi nesse ponto que a grande indústria alimentar percebeu a existência do vinagre balsâmico e decidiu desfrutar de seu mito. Assim nasceu o vinagre balsâmico de Modena, que não tem nada a ver com o tradicional. Em essência, o vinagre balsâmico de Modena é o normalíssimo vinagre de vinho com um pouco de vinagre de mosto e um pouco de caramelo. Se um litro do vinagre de vinho comum pode custar menos de um euro, o preço do vinagre balsâmico de Modena, mesmo o de qualidade mais baixa, dificilmente custa menos de três euros por litro; mas é possível encontrar nas prateleiras dos supermercados vinagres balsâmicos que chegam a custar dez ou quinze euros por litro. Não é nada, se comparado às centenas ou milhares de euros do balsâmico tradicional, mas tenhamos em mente que se produzem, por ano, 50 milhões de litros de vinagre balsâmico de Modena, ao passo que, do tradicional, como dissemos, são produzidos apenas 10 mil litros.

Dois produtos completamente diferentes e duas dimensões de mercado absolutamente incomparáveis, que, porém, compartilham quase o mesmo nome. Na verdade, durante muito tempo o nome foi exatamente o mesmo; o adjetivo complementar "tradicional" seria inserido na denominação por decreto ministerial apenas seis anos depois do reconhecimento da DOC ao vinagre balsâmico de Modena, em 1977. Para ter duas denominações diferentes, seria necessário esperar até 2000, e apenas em 2009 o Aceto Balsamico di Modena obteria a IGP.

Portanto, é evidente que os dois produtos aproveitaram a ambiguidade do nome, e até hoje, mesmo que os dois vinagres gozem de denominações e regulamentos completamente diversos, o efeito de sobreposição de imagem no fim das contas beneficia ambos. De resto, não existe risco de o potencial comprador se confundir: o mercado do vinagre balsâmico tradicional é tão de nicho que apenas profissionais (em particular donos de restaurantes) e grandes especialistas podem acessá-lo. Enfim, não é possível que a dona de casa de Vigevano se confunda e, quando estiver no supermercado Coop, coloque no carrinho uma garrafinha de 100 mililitros de vinagre balsâmico tradicional, que custa cinquenta euros, pensando comprar o normal, o vinagre balsâmico de Modena, que custa três euros; mesmo porque o primeiro nunca deu as caras no supermercado Coop!

Então me parece bem claro o que aconteceu entre os anos 1970 e 1980, como de costume. A indústria inventou um novo produto que usava o nome de uma especialidade que já gozava de certa fama, mas, exatamente pela sua natureza não comercial e, em todo caso, por seus custos exorbitantes, nunca necessitara de reconhecimento oficial. O que ocorreu a partir daquele momento foi um tipo de "magia do mercado". Para os dois produtos foram organizados consórcios e sistemas de promoção diferentes e os mitos de um e de outro se alimentaram reciprocamente: a indústria alimentícia, graças a um nome prestigioso, consegue chegar a preços exorbitantes para um produto de massa e de baixo custo; por sua vez, a produção artesanal e doméstica se beneficia de uma promoção absolutamente impensável considerando seus volumes e seu movimento comercial.

O fato de ter sido a produção industrial que impulsionou a artesanal e que desencadeou processos de promoção do território é demonstrado, por um lado, pela curiosa história do Aceto Balsamico Tradizionale di Reggio Emilia DOP; por outro lado, pela igualmente curiosa proliferação de produtoras de vinagre comunais que são, na verdade, apenas ferramentas de marketing territorial, uma vez que não têm sentido algum na história e na estrutura produtiva do vinagre balsâmico tradicional.

Poderíamos ver no vinagre balsâmico de Modena um tipo de democratização do luxo e talvez seja isso mesmo. Bem poucos de nós poderão se permitir alguma vez na vida comprar uma garrafinha de vinagre balsâmico tradicional, e talvez muitos de nós nem saberíamos apreciá-lo, mas praticamente todos temos a possibilidade de ir ao supermercado e comprar o Balsamico di Modena, levando para casa — de uma só vez e gastando pouco — os antigos romanos, Matilde di Canossa, Lodovico Ariosto e quase todo o Renascimento. Com a grande beleza da Itália, a gente tempera a salada.

12.
Os verdadeiros *conquistadores* do chocolate de Modica

A origem do chocolate de Modica geralmente é contada de um modo bastante bizarro. O leitor meio distraído não liga, mas quem para um momento e presta atenção não consegue deixar de esboçar um sorriso. Em poucas palavras, teriam existido *conquistadores* espanhóis que teriam aprendido dos astecas, no México, que ainda não se chamava assim, mas "Nova Espanha", o método para produzir o chocolate. Então, eles teriam ido para a Sicília, que fazia parte do Império Espanhol, assim como o México, e teriam levado para a ilha esse arcaico processamento de cacau.

Não, mas falando sério, vocês conseguem imaginar esses soldados espanhóis que, logo depois da empreitada de Colombo, são enviados ao México, onde aprendem, diretamente de algum confeiteiro asteca, talvez um momento antes de o assassinar, o segredo para trabalhar as sementes de cacau? Pronto, agora imaginem que, depois de algum tempo, um dos *conquistadores* gourmet seja transferido a outro domínio espanhol, a Sicília. Eu consigo visualizar esse soldado em lágrimas por ter recebido a carta de transferência: "Mas não, *porca miseria*, aqui na Nova Espanha eu já tinha feito tantos amigos, e agora tenho que ir pra Sicília... Está bem, não se preocupem, companheiros, assim que eu chegar lá vou armar uma confusão e vocês vão ver, vão me mandar de volta...". Sim, claro, deve ter sido exatamente assim. Porém, o pobre *conquistador* não conseguiu uma nova transferência — a gente sabe como são essas coisas — e, mesmo tendo movido montanhas (ele tinha um tio que conhecia um mordomo de Filipe II!), nunca mais saiu da Sicília.

É um caso clássico daquilo que eu chamo de "síndrome dos Flintstones", ou seja, aquela ideia de história totalmente absurda, segundo a qual qualquer época, até mesmo a mais remota, tinha as nossas mesmas estruturas sociais e econômicas e os nossos mesmos mecanismos de funcionamento, apenas com uma tecnologia menos evoluída.

Porém não há dúvida de que essa história sobre o nascimento do chocolate modicano, ainda que completamente inventada, é sugestiva e fascinante. Tem de tudo: caravelas para atravessar o Atlântico, a conquista das Américas, a Sicília espanhola e, sobretudo, os astecas. É, os astecas, enfim, de tema de pesquisa histórica e etnográfica se transformaram em objeto de culto. Para alguns, são a pedra angular da história humana: tudo se explica através deles e tudo foi previsto por eles. Um pouco como em relação aos templários, que quando alguém não tem mais argumentos e não sabe como explicar um acontecimento joga a carta dos templários ou dos astecas e tudo certo. Quando uma história não se sustenta, enfie nela, mesmo que a marteladas, os astecas ou os templários e pronto.

É extraordinariamente reconfortante saber que existe algo capaz de dar um sentido ao infinito e de ajustar um mecanismo narrativo que de outra forma não funcionaria. Mas, por azar, quando uma história não se sustenta, não se sustenta e pronto.

O nascimento do chocolate de Modica talvez seja menos fascinante do que costumam contar, mas é também o preâmbulo de uma história de sucesso. Além disso, sejamos sinceros, o chocolate de Modica é um produto original de verdade e uma grande intuição empreendedora; muitos podem não gostar da sua consistência áspera, mas de qualquer forma é um tipo de chocolate que rompe os padrões e que se impõe pela sua diversidade em relação à concorrência.

Então, deixando para lá os astecas e os *conquistadores*, o dado verdadeiro é que Modica sempre foi um centro econômico e administrativo de extraordinária relevância na Sicília sul-oriental. Portanto, é bem lógico que nessa pequena cidadezinha tenham se concentrado uma nobreza e uma burguesia particularmente ricas. Como sempre nesses casos, a sólida presença de classes sociais capazes de expressar uma demanda de bens de luxo permitiu o desenvolvimento e a difusão de atividades voltadas a consumidores de faixa elevada, exatamente como a fabricação artesanal de doces: a confeitaria, entre todos os tipos de negócios alimentícios, é sem dúvida o mais luxuoso. Por isso, muitos observadores e cronistas com frequência ressaltaram a singular presença, em Modica, de docerias, confeitarias e pequenos laboratórios artesanais especializados na produção de doces e no processamento do chocolate. Essa concentração de bodegas e de atividades similares criou um tipo de identificação entre um território e um produto, como aconteceu em cem outras localidades, na Itália e não só lá; aquilo que chamamos de "distrito industrial" é exatamente um território não tão amplo no qual, por alguma casualidade, se concentraram muitas empresas pertencentes ao mesmo setor: são exemplos disso Prato, com tecidos; Sassuolo, com azulejos; Cantù, com móveis.

Por isso, nos anos 1950 a etnógrafa Carmelina Naselli falou, em um ensaio, sobre o chocolate tradicional de Modica, e algumas décadas depois Leonardo Sciascia identificou na produção de chocolate um dos elementos identitários de Modica. Porém, é justamente o texto de Sciascia que nos fornece um elemento histórico fundamental; fazendo uma comparação entre a localidade siciliana e a cidade espanhola de Alicante, ele diz que as duas produções se assemelham.

Em Alicante se produzia e, em menor medida, produz-se ainda hoje um ótimo chocolate, tanto ao leite quanto amargo, aromatizado com baunilha, canela ou outras essências. Tudo indica que era exatamente o uso desses aromas particulares o que fazia do chocolate de Alicante um parente próximo do de Modica, e não a prensagem "a frio", que em Alicante jamais foi e jamais será feita, e em Modica começaria a ser feita apenas alguns anos depois da publicação do texto de Sciascia.

As primeiras tímidas tentativas de produzir chocolate sem separar a manteiga de cacau das sementes de cacau trituradas e em temperaturas relativamente baixas, de forma que os cristais do açúcar adicionado ao cacau não derretam e a massa final seja granulosa, ao que parece foram feitas por Franco Ruta entre 1990 e 1992, quando substituiu seu pai na gestão da Dolceria Bonajuto. Tratava-se, com efeito, de um procedimento de prensagem antigo, mas que nunca tinha sido verdadeiramente apreciado pelos consumidores europeus; aliás, é provável que na Europa jamais tenha sido conhecido. Os europeus, de fato, começaram a consumir chocolate em barra apenas depois de 1847; a empresa inglesa Fry & Sons pôs no comércio seus tabletes lisos e uniformes, produzidos com o chamado "método holandês" patenteado por Van Houten, em 1828.

A intuição de Franco Ruta sem dúvida foi uma intuição feliz, e logo imitada por outros doceiros de Modica, que, como vimos, já tinham uma tradição forte e abrangente. O sucesso imediato do produto, unido a uma narrativa bastante sugestiva, promoveu uma maior identificação da cidade com o chocolate, dessa vez não mais um chocolate genérico, mesmo que de qualidade, mas um produto completamente diverso e fortemente caracterizado. Daqui à ideia de se desfrutar do chocolate e da sua lenda como fatores atraentes também do ponto de vista turístico o caminho foi bem curto.

Em 2003 foi instituído o Consórcio de Tutela, que hoje reúne cerca de vinte produtores, e alguns anos depois começaram iniciativas e manifestações voltadas à valorização desse produto. Em 2014, enfim, foi inaugurado o Museu do Chocolate. Hoje, o chocolate de Modica é reconhecido pela região da Sicília como Produto Agroalimentar Típico, mas o processo para obter a IGP já está em curso.

O verdadeiro milagre talvez seja exatamente esse. Não ter trazido de volta à vida uma antiga receita, mas sim conseguir em pouco mais de 25 anos que as instituições públicas e as empresas privadas trabalhassem juntas, relançando a economia local de forma realmente surpreendente. Os astecas, por exemplo, não conseguiram fazer isso.

13.
Que raça de porcos!

"Do porco, tudo se aproveita." Quantas vezes ouvimos essa frase, ou melhor, esse provérbio? E no fim das contas é verdade, trata-se de um daqueles raros casos em que a sabedoria popular realmente funciona.

Essa sua capacidade de fornecer uma grande quantidade de produtos diversos fez com que o porco fosse criado um pouco por toda parte, tanto na Itália quanto no resto da Europa e do mundo. O porco só se tornou uma presença estável e difusa no território italiano após as invasões bárbaras. A cultura alimentar romana era mais ligada aos ovinos e aos cereais, mas o porco não estava ausente; aliás, a cozinha da Roma Antiga fazia amplo uso dele; digamos, porém, que a carne e os derivados de porco não eram produtos típicos do Império Romano.

Dois mil anos depois, toda província da Itália, eu diria que quase toda comuna, tem o seu produto típico à base de carne suína. No capítulo sobre os presuntos, já falei um pouquinho da prática de criação livre e da importância dos bosques, e também do fato de, por consequência, não existirem fatores históricos e geográficos que tenham favorecido a criação do porco em uma área da península em detrimento de outra. No que se refere aos presuntos, o resultado é aquilo que vimos, com a recente proliferação de marcas de tutela. De forma mais geral, os produtos DOP ou IGP à base de carne suína hoje são 39; e a estes se soma um número verdadeiramente desproporcional de Produtos Agroalimentares Tradicionais (PAT): só nos Abruzzos os PAT de carne suína são dezenove; na Basilicata, dezessete; e na Calábria, 24. Cheguei à letra C de Calábria e já fiquei cansado de contar; da Campânia em diante, alguém aí continua, se quiser. Claro que se perdeu o bom senso.

Recapitulando: a partir da Idade Média, o porco era criado por toda parte na Itália. Representava uma reserva de carne e calorias muito preciosa, até porque era relativamente pouco caro e pouco difícil de criar. Não por acaso o clássico cofrinho, ainda hoje, tem a forma de porco: esse animal era mesmo um tipo de investimento para quem se podia permitir. Porém, vamos esclarecer: o porco criado na Itália até o fim do século XIX era um parente distante daquele criado hoje. Raças diferentes, tamanho diferente, carne diferente e alimentação diferente; enfim, não é fácil fazer comparações entre aquilo que se produzia outrora e as produções atuais de embutidos, charcutaria e das várias preparações à base de carne suína. Sendo um animal criado livre, em geral se tratava de algo muito mais parecido com um javali do que com um daqueles bichões cor-de-rosa que vemos atualmente. Esses de hoje pertencem à raça Large White, que chegou à Itália proveniente da Inglaterra em torno de meados dos anos 1870, suplantando em pouquíssimo tempo as várias raças italianas. Enfim, trata-se de um animal muito maior, e que portanto fornece muito mais carne; muito mais resistente, muito mais prolífico e, sobretudo, que cresce muito mais rapidamente do que todas as outras raças suínas. É bastante natural que os camponeses não tenham pensado duas vezes na hora de substituir os porcos autóctones por esses chegados da Inglaterra, com todo o respeito à biodiversidade e à salvaguarda das tradições. Digamos que, quando se tem fome, certos escrúpulos são mais difíceis de se impor...

A mudança da raça determinou também modificações na produção de carnes suínas em conserva. O presunto, por exemplo, que até aquele momento era menos valioso que a mortadela, por causa de suas dimensões reduzidas, com o advento da Large White se tornou um dos produtos mais importantes, exatamente pela qualidade e quantidade de carne que a coxa do porco inglês podia fornecer. O que não mudou, até os anos 1950 e 1960, foi a organização dessa atividade; ao lado de poucas criações de grandes dimensões, presentes sobretudo no vale do Pó, a criação suína continuava a ser feita por camponeses, indivíduos, mesmo que não fosse mais realizada no estado selvagem, mas em pequenos chiqueiros às vezes ocupados por um só animal. Isso permitiu a sobrevivência de uma figura profissional típica da sociedade agrícola arcaica: o *norcino*. Era claro, de fato, que os camponeses não tinham competências técnicas para abater e depois trabalhar a carne do porco que eles mesmos criavam e, portanto, eles se valiam desse profissional ambulante que rodava os campos no período do abate do porco, tradicionalmente entre o dia de santo André (30 de novembro) e o de santo Antônio Abade (17 de janeiro), para oferecer seus serviços.

Os *norcini*, mesmo sendo ambulantes, tinham um raio de ação bastante limitado e tendiam a não concorrer entre si, por isso criavam monopólios territoriais. Enfim, a confiança do camponês em relação ao *norcino* era fundamental para que este pudesse ser contratado. O resultado era que cada área tinha o seu *norcino* — ou quase isso, pois dependendo da quantidade de porcos a serem abatidos, alguns casos podiam justificar a presença de um número maior de *norcini* no mesmo território. Esses monopólios, ou oligopólios, fatalmente levaram a uma diferenciação no modo de trabalhar as carnes suínas: cada *norcino* tinha as suas técnicas, seus condimentos para dar sabor à carne, seus cortes, suas receitas etc. Mas entre isso e a identificação de tantas especificidades territoriais a distância é imensa. Sobretudo se essas especialidades pretendem ter um valor regional; como dissemos, não havia métodos de trabalho codificados; cada *norcino* se baseava em sua própria experiência e nos ensinamentos que havia recebido daquele que lhe havia transmitido o ofício, quase sempre o pai.

O paradoxo é que essa busca desordenada por uma tipicidade extrema teria mais sentido se fosse conduzida com intenção etnográfica ou antropológica, mas pretender codificar técnicas empíricas e estabelecer regulamentos que imponham hoje aquilo que no passado era frequentemente fruto da casualidade? Não dá mesmo para entender aonde é que isso pretende chegar do ponto de vista econômico e alimentar. Mas tem menos sentido ainda a pretensão de contar a história idílica de um mundo agrícola que na realidade estava quase sempre lidando com a fome ou a precariedade alimentar. Ler nos sites de alguns consórcios de tutela que o porco matava a fome da família camponesa na Lucania ou na Calábria faria rir, se não desse raiva. A frase correta poderia ser que "o porco matava a fome de algumas das famílias camponesas" da Lucania ou da Calábria; as outras lutavam contra a fome todos os dias e, assim que podiam, iam embora para outro lugar, para tentar sobreviver.

Aqui também precisamos esclarecer: se a vida em nossos campos era tão bela e saudável, não se entende por que 15 milhões de italianos decidiram fugir da terra em que nasceram. Como já falamos sobre a pasta e sobre a pizza, se em casa eles comiam sopressata, pancetta e salame, por que ir para a América para servir de escravizados? Para entender como viviam de verdade os camponeses da Lucania e também como acontecia a criação suína naqueles lados, mais que os sites dos consórcios de tutela ou as histórias cheias de mito das cem charcutarias típicas, valeria mais a pena ler outra vez o livro *Cristo parou em Eboli*, de Carlo Levi. E já que estamos falando disso, vale dar uma paradinha na descrição dos Sassi di Matera em 1936;* assim, talvez a gente consiga tirar da cabeça de uma vez por todas alguns lugares-comuns.

---

* Em seu livro, Carlo Levi denuncia a situação de miséria dos habitantes de Matera, que viviam na mais absoluta precariedade, junto a animais, em cavernas improvisadas nos rochedos (*sassi*) da cidade.

14.
A cruzada típica da focaccia de Recco

No mundo inteiro se faz pão. Em toda nação, em toda região e em toda província pode haver receitas e formas específicas; até mesmo cada padeiro faz pão de um modo todo seu, pessoal. Fazer pão é justamente uma daquelas atividades que, pela sua própria natureza, fogem a uma codificação ou a uma padronização. Ou melhor, na era pré-industrial, o poder político impunha determinadas formas e determinados tempos para assar, para evitar que fosse posto à venda um pão pouco assado e que o consumidor, com um produto do mesmo peso, comprasse mais água que farinha. Mas, além desses óbvios vínculos que salvaguardam o cliente, era a sabedoria do padeiro o que determinava a qualidade do resultado final.

Essa regulamentação local secular e a própria ideia da produção de pão, que até há pouquíssimos anos era uma atividade baseada na transmissão oral das técnicas de panificação, fizeram com que o pão fosse um produto de fortes características territoriais. Na prática, o único âmbito em que existe de verdade uma cozinha regional italiana é exatamente aquele relacionado ao pão e aos vários produtos da panificação. À diferença do que aconteceu, por exemplo, na França, onde a aprovação de uma legislação nacional precoce sobre o tema da panificação progressivamente padronizou o pão em uma única forma, a famosa *baguette*, na Itália se consolidaram formas e tipologias diversas de pão. Devemos dizer também que é bastante difuso um certo orgulho local pelo próprio pão e, no fim das contas, visto que esse é realmente o único caso de especialidade territorial na Itália, tal orgulho não parece injustificado.

Como sempre, porém, na Itália acaba-se por perder o controle e assim, de uma repartição regional ou no máximo provincial, que pode ter sim uma justificativa histórica, ditada também pelo uso de matérias-primas específicas, chegamos a um bairrismo que parece bastante paradoxal. São muitos os casos, e o impulso político para a obtenção de uma marca de tutela, nacional ou europeia, posteriormente multiplicou esses episódios. Um dos mais recentes, com resultados que chegam a ser grotescos, é o da Focaccia di Recco col formaggio IGP.

Para contar essa história, temos que usar o zoom: partir da Ligúria e chegar a Recco. Mas se quisermos exagerar, podemos partir de todo o norte da Itália, porque encontramos, de Trieste a Ventimiglia, focaccias absolutamente parecidas com as lígures. Por exemplo, entre as províncias de Mântua, Ferrara e Rovigo, faz-se uma focaccia com cebolas, *tiròt* em dialeto mantuano, que é igual à genovesa, assim como em toda a Emilia se preparam focaccias recheadas com verduras e queijos. Mas vamos ficar na Ligúria. A focaccia genovesa é muito conhecida, e, como se sabe, é produzida e consumida em muitas variações praticamente em toda a região. A versão mais simples é só com azeite e sal, mas pode ser enriquecida com várias verduras, cebola, azeitona e queijo. E enfim, chegamos ao ponto: a focaccia com queijo é preparada meio que em todo lugar (não só na Ligúria, para falar a verdade), mas lá pelos lados de Recco, em certo momento, colocaram na cabeça que a focaccia feita ali tinha alguma coisa de especial. O que, em tese, poderia até ser verdade, porém exatamente pelos motivos que dissemos no começo: cada padeiro tem as suas receitas, seus fornecedores de matérias-primas, e aprendeu o ofício com alguém que, logicamente, também trabalhava por ali.

Em todo caso, o fato de a focaccia com queijo ser feita em Recco, no resto da Ligúria e de certa forma em toda a Itália centro-setentrional jamais representou um problema para os padeiros e donos de estabelecimentos de Recco. Os problemas tiveram início quando o turismo começou a diminuir e então foi preciso buscar novos atrativos; eis que a enogastronomia, como em toda a Itália, se tornou a resposta mais simples e imediata. Novamente a equação é elementar: o mar está por toda parte, mas focaccia com queijo não, e se vocês quiserem provar, vão ter que vir aqui. Sim, boa ideia, pena que tem aquele probleminha que citamos um pouco antes: a focaccia com queijo é feita em todo lugar, não só em Recco.

Para vocês, isso parece ser um problema capaz de desencorajar os destemidos defensores da tradição? Mas nem em sonho. Para começar, em 1977 foi constituído um belo de um consórcio e registrou-se a marca "Autentica Focaccia col Formaggio di Recco", depois se encetou o processo para obtenção de todas as denominações possíveis e imagináveis. Nem preciso dizer que passaram a pulular documentos e testemunhos literários capazes de atestar a produção de focaccias em Recco desde os tempos das Cruzadas; porque, como se sabe, no resto do mundo o pão ainda não tinha sido inventado... De qualquer forma, em 2005 o consórcio se renovou e, finalmente, em 2011 a focaccia de Recco obteve a tão cobiçada IGP. Em 2015, enfim, a União Europeia inseriu a focaccia de Recco entre os produtos tutelados.

Todo esse esforço para poder começar a contra-atacar aqueles que, na Ligúria, mas não só lá, se metem a produzir focaccia com queijo e talvez tenham a imprudência de chamá-la "de Recco". A questão, com efeito, é mesmo essa. Não basta respeitar o rigidíssimo regulamento para poder dizer que a focaccia é "de Recco"; não, na agradável localidade lígure, quiseram exagerar: para poder declarar que uma focaccia é "de Recco", ela tem que ter sido produzida em Recco. É evidente a intenção comercial de toda essa operação; aos membros do Consórcio pouco interessava a tradição, o que interessava era a construção artificial de um monopólio.

A tipicidade, porém, só funciona até a página dois, e o que acontece na sequência vai demonstrar isso muito bem. É necessária uma premissa: no regulamento está escrito que a Focaccia di Recco col formaggio IGP pode ser produzida apenas em Recco e nas três comunas limítrofes: Avegno, Camogli e Sori. Fora da área formada por essas quatro comunas, não só ela não pode ser produzida, como não pode nem mesmo ser vendida. E isso, se pensarmos bem, é exatamente uma contradição em termos: a denominação, na realidade, serve para fornecer garantias de genuinidade e de respeito à tradição de um produto para seus potenciais compradores também fora da área de produção; aliás, principalmente para aqueles fora da área de produção. Enfim, em termos técnicos, trata-se de um evidente absurdo.

E em dezembro de 2015 logo a ocasião aparece: o Consórcio Focaccia di Recco col formaggio IGP monta um estande no evento Artigiano in Fiera, em Rho (Milão), produzindo e distribuindo o produto típico. Meia hora depois, chegam os NAS.* Imaginem a cena surreal.

"Sinto muito, gente, aqui não estamos na zona de produção, podem fechar tudo e ir para casa."

"Mas com licença, *brigadiere*, nós somos do Consórcio e podemos fazer a focaccia."

"De jeito nenhum, vocês não leram os regulamentos?"

"Bom, na realidade a gente escreveu os regulamentos…"

---

* Agentes dos Nuclei Antisofisticazione e Sanità (NAS), um departamento equiparável ao nosso Centro de Vigilância Sanitária.

"Então deixa eu lembrar rapidinho para vocês. Aqui está claro como o dia: 'a denominação Focaccia di Recco col formaggio IGP não é utilizável para produtos feitos e servidos fora da área de produção'. Ponto-final. Circulando!"

Todos para casa e com uma bela denúncia de fraude comercial para os responsáveis do Consórcio.

Não tem nem o que dizer, um belo resultado. Na Riviera italiana, naquele momento, explode a guerra civil, na qual até o prefeito, que tinha lutado tanto pela conquista da IGP como um triunfo também seu, se mete e começa a perceber o bumerangue. Muitos produtores e profissionais da alimentação se desfiliam do Consórcio, em particular os que exportavam o produto, e das embalagens de focaccia aos poucos desaparece o nome oficial.

Resumindo, a marca de tutela se revelou um clamoroso gol contra. Paradoxalmente, para promover Recco proíbe-se o uso de seu nome fora de seus limites. Trata-se, talvez, do único caso no mundo de um produto que corre o risco de desaparecer por excesso de proteção.

15.
Um queijo, dois queijos, mil queijos

"Como se pode governar um país que tem 246 variedades diferentes de queijo?" Assim se lamentava o general Charles de Gaulle a um jornalista da *Newsweek* em outubro de 1962. O pai da Quinta República francesa queria dessa forma demonstrar a irredutível pluralidade territorial que desde sempre caracteriza a França rural. Vai saber o que ele diria da Itália de 2017, com seus 55 queijos DOP e IGP e 482 PAT, para um total de 537 queijos típicos, aos quais se soma um número impreciso de De.Co. (Denominazioni Comunali [Denominações Comunais]), de Fortalezas Slow Food e de queijos à espera de receber marcas de tutela. Enfim, se dissermos que hoje na Itália há cerca de mil queijos que apresentam ou gostariam de apresentar uma tipicidade só sua, não estaremos muito longe da realidade. Charles de Gaulle nem tentaria governar a Itália.

Pensem bem: mil queijos típicos. Visualizem um mapa geográfico da Itália e coloquem mentalmente em cima dele mil bandeirinhas; podem inclusive ir colocando ao acaso, porque de qualquer forma onde quer que vocês as coloquem, vão acertar na mosca. E cada um desses queijos diz ter origens antiquíssimas, ao menos medievais, e possivelmente romanas ou etruscas. Novamente, pensem bem: com uma população italiana entre a Antiguidade e a Idade Média oscilando entre 8 milhões e 10 milhões, teria havido espaço, recursos e demanda para se inventar mil tipos diferentes de queijo? Havia vacas, cabras e ovelhas suficientes para produzir mil queijos? Não mil formas, que isso provavelmente até daria para fazer, mas mil tipos, cada um dos quais, é óbvio, não era produzido todo dia em um só modelo, mas em dezenas ou centenas de formas, tamanhos, tipos etc. Trata-se de uma evidente embriaguez coletiva.

Mas a embriaguez se duplica se pensarmos que nos anos 1960, quando De Gaulle citava 246 queijos franceses, os italianos típicos eram uns trinta e olhe lá. No que se refere aos queijos, a explosão da tipicidade também aconteceu nas décadas sucessivas. A indústria não teve um papel secundário nessa história; é só pensarmos nos casos do Gorgonzola, do Taleggio e do Stracchino, que ganharam terreno na esteira de poucas marcas nacionais. Apenas quando essas marcas (em particular Galbani, Locatelli e Invernizzi) entraram em crise ou mudaram de propriedade, inserindo-se na esfera de grandes grupos multinacionais, é que diversos produtores locais surgiram e começaram a se destacar. No que se refere pelo menos à Itália setentrional, houve um mecanismo parecido com o que já vimos sobre o azeite de oliva.

Vamos começar do começo. Sempre se fez queijo, um pouco por toda parte: em qualquer lugar que fossem criados bovinos para trabalho ou pela carne, e ovinos pela lã, havia o problema de evitar o desperdício de leite. Em toda região mais ou menos extensa, o queijo era produzido com o mesmo procedimento, porque não existiam receitas e as técnicas adotadas eram transmitidas na maioria das vezes de forma oral. Durante o ano, há mudanças na alimentação, nos hábitos e nas atividades dos animais, e, portanto, o leite também muda; por isso, havia um calendário das produções lácteas, com queijos que só eram produzidos em determinados períodos. Com exceção de pouquíssimas realidades empresariais de dimensões relevantes existentes já antes da Segunda Guerra Mundial, a produção era muito fragmentada em pequenas unidades por causa das dificuldades logísticas e de conservação, pela ausência de uma cadeia de frio eficiente. Essa é a história honesta de uma produção de laticínios ligada a uma agricultura pobre. A exceção eram algumas áreas mais afortunadas, onde, além de tudo, o movimento cooperativo estava presente no setor desde o início do século XX, com as primeiras leiterias sociais. A realidade continuaria sendo essa até o pós-guerra.

Como sempre na agricultura, as coisas mudaram lentamente, mas em torno da metade dos anos 1950, na Itália, assistiu-se a um forte crescimento dos consumos, como jamais registrado no passado. Tal crescimento atingiu praticamente todos os setores e, portanto, também o de leites e queijos. Nesse contexto, alguns empreendedores conseguiram dar um salto dimensional, superando os limites geográficos históricos e fazendo investimentos tecnológicos relevantes sobretudo no sistema de aprovisionamento da matéria-prima e na rede distribuidora. É o caso da Galbani, que já tinha três estabelecimentos entre as províncias de Milão e de Pavia antes da guerra, da Invernizzi, essa também bastante estruturada nos anos 1930, e da Locatelli. As três empresas, situadas em uma das regiões mais ricas do ponto de vista de criação de bovinos, a Lombardia, conseguiram manter uma posição de predominância no mercado nacional com queijos já conhecidos, como Grana, Crescenza, Taleggio, mas também com produtos novos ou quase novos, como os vários queijinhos macios ou o famoso Bel Paese, criado pela Galbani no início do século, mas que nesse período se consagrou no mercado nacional. O Gorgonzola merecia um discurso só seu; ele, que em grande parte do país foi por muito tempo associado ao nome comercial "Gim", que a empresa Invernizzi tinha escolhido para lançar o seu produto.

Galbani, Invernizzi e Locatelli, junto às leiterias sociais, que teriam um peso crescente no setor de leites e queijos, conseguiram manter o mercado em expansão e absorver parte da crescente produção de leite em nível nacional. Nessa primeira fase de expansão, portanto, continuou a haver um espaço também para os pequenos produtores de queijo e para as pequenas leiterias cooperativas, que provavelmente sobreviveram sobretudo graças a um mercado local consolidado. Tenhamos em mente que nesse meio-tempo havia nascido a Comunidade Econômica Europeia (CEE) que, com a sua política de apoio ilimitado dos preços, permitia que os pequenos criadores e os pequenos produtores de queijo também sobrevivessem, sem necessidade de investimentos particulares. Em poucas palavras, os anos 1960 e 1970 foram o Eldorado do setor de leites e queijos italianos e nessas condições ninguém pensava em produzir queijos de qualidade específica, que talvez corressem o risco de não serem apreciados pelos consumidores. Ainda chegaria a hora do Formaggio di Fossa ou da Casciotta di Urbino. Para o momento, bastavam o Formaggino Mio, o Bel Paese e o Invernizzina, além dos eternos Grana Padano e Parmigiano Reggiano ou dos já famosos Gorgonzola e Taleggio, para absorver boa parte da produção de leite, pelo menos da Itália centro-setentrional. E aquele leite que não virava queijo era reduzido a pó e da mesma forma pago aos produtores a preço cheio, pela própria CEE, em suas várias articulações.

Nesses vinte anos de vacas gordas, e me parece que essa expressão é mais do que justificada, outras marcas obviamente apareceram no mercado nacional; é o caso, entre outras, de Cademartori, Osella e Auricchio, e desta última falaremos depois. As coisas, de qualquer forma, estavam destinadas a mudar em pouco tempo. A política agrícola comunitária comportava custos já insustentáveis para o balanço europeu. Além disso, o apoio ilimitado dos preços havia levado a uma enorme superprodução, em especial no que se refere exatamente ao leite e derivados. Por isso se chegou ao sistema das famigeradas "cotas de leite", que provocou um verdadeiro terremoto em todo o setor. Aqui não é o lugar para se discutir o modo como as cotas de leite foram estabelecidas e depois aplicadas na Itália; decerto podemos dizer que o setor como um todo e as próprias instituições públicas não estavam prontos para essa mudança. O resultado foi um contragolpe pesadíssimo não apenas sobre os produtores de leite, de certa forma um efeito previsto e provocado, mas também sobre a indústria de transformação.

Devemos notar que a aquisição de algumas marcas italianas por parte de multinacionais do setor de leite e queijos já tinha se iniciado nos anos 1960 e 1970, porém a partir da segunda metade dos anos 1980 viu-se uma verdadeira colonização. Hoje, na prática, todas as empresas italianas históricas do setor são de propriedade estrangeira. Esse é um destino que o setor de leites e queijos partilha com muitos outros setores da indústria italiana, que sofre os efeitos de quarenta anos de ausência de uma verdadeira política nacional. Algumas empresas, inclusive de dimensões relevantes, que resistem bem, são aquelas especializadas na produção de queijos DOP ou IGP; as leiterias sociais, sobretudo, assumiram um papel central. Excluindo-se o caso, já mencionado, do Parmigiano Reggiano, há aqueles do Grana Padano, hoje produzido em todo o norte da Itália, e de alguns outros queijos, como o Asiago e o Gorgonzola, que gozam de uma posição consolidada no mercado nacional e internacional. Mas também para esses queijos, apesar dos esforços de vários consórcios, chegou-se a uma condição de superprodução estrutural.

Porque esse é o ponto. Quando a União Europeia impôs a racionalização de um setor que havia crescido para além de qualquer lógica econômica e de mercado, a Itália respondeu, por um lado, com uma resistência que às vezes chegou a esbarrar na ilegalidade, e, de outro, com a exaltação de produtos de excelência cuja difusão pudesse de alguma forma sustentar o setor inteiro. A partir disso se desencadeia a explosão de queijos DOP, IGP, PAT, De.Co. e assim por diante. Porém, são os casos mais conhecidos e de sucesso, como o Grana e o Parmigiano, que demonstram como existe um equívoco de base nessa estratégia: ou se faz um produto de excelência, capaz de estar no mercado com um preço mais alto, mas com volumes menores, ou se faz um produto de massa, que obviamente terá preços mais baixos e que, portanto, não será capaz de remunerar os criadores. Não é possível fazer as duas coisas ao mesmo tempo. Resultado: os vários armazéns fiduciários dos consórcios ficaram por muitos anos abarrotados de fôrmas de Grana e de Parmigiano não vendidas, que não podiam ser postas no mercado para não derrubar demais os preços. Tudo isso, obviamente, tem um custo, que em grande parte é sustentado pelo sistema de crédito e, em última análise, por todos nós, que lidamos com os bancos dia após dia.

Para deixar claro: na Planície Padana, de longe a área mais importante no que se refere ao setor de leites e queijos italiano, a produção de queijos DOP absorve 41% do leite local. O que é sem dúvida um dado positivo, considerando a maior remuneração que esses queijos podem garantir ainda aos criadores; o problema são os 59% restantes de leite, que continuam a ter custos de produção claramente superiores à média europeia e por isso acabam por ficar fora do mercado.

Voltemos à questão das denominações. Como dissemos, a estratégia tem uma lógica, mas com uma condição: que se mantenha o bom senso e não se tenha a absurda pretensão de que um queijo, apenas pelo fato de ter conseguido uma marca de tutela ou selo de qualidade, possa ter um mercado seu e salvar os criadores de determinada área. Em outras palavras, se houvesse a possibilidade de produzir um queijo DOP qualquer com o resto dos 59% do leite da Planície Padana, os problemas do setor daquela área seriam resolvidos, contanto que todo aquele queijo pudesse ser então vendido a um preço razoável. A questão é que talvez haja espaço para 537 queijos típicos, mas é claro que para grande parte deles estamos falando de nichos de mercado, com volumes muito limitados e preços sem dúvida altos; a estratégia tem sentido apenas se não for a única estratégia. Infelizmente os sinais não são positivos; as denominações comunais e a corrida das regiões para obter sempre novas inserções de seus produtos no elenco nacional dos PAT não deixam muitas esperanças. O bom senso se perdeu há um tempo e a ausência de uma política nacional do setor impulsionou todos os localismos possíveis e imagináveis.

Não obstante tudo o que acabamos de dizer, creio que seja inútil desfazer as histórias mitificadas desses queijos, que, em sua maioria, nasceram há trinta ou quarenta anos. Em alguns casos, a ânsia de se encontrar uma origem antiga é até um pouco comovente. Partimos do Caciocavallo Silano, que segundo a história oficial já era conhecido e celebrado por Hipócrates no século V a.C., quando, é bom lembrar, em Sila viviam apenas pequenas tribos, evidentemente todas especializadas na produção do precioso queijo, para chegar à Casciotta d'Urbino, apreciada até por Michelangelo, que, quando acabava a reserva do lardo de Colonatta, jogava-se ávido sobre o famoso queijo marchigiano. Ah, tem também o Raschera, do Piemonte, cujas origens medievais são testemunhadas por um contrato de aluguel do século XIV em que o proprietário diz que quer ser pago com qualquer tipo de queijo. Uma prova inexpugnável! Em termos legais, falaríamos de "arma fumegante". Ou o Stelvio, cujas antigas glórias são demonstradas pelo fato de que no Alto Adige já se comia queijo no século XIII.

Mas existe uma história que merece ser contada e é a do Provolone Valpadana DOP. No site da Associazione Formaggi Italiani DOP, a história começa assim:

O Provolone nasce durante a segunda metade do século XIX, a partir do feliz casamento entre a cultura queijeira das "pastas filadas", proveniente do sul da Itália, e a vocação para leites e queijos do vale Padano. Em 1861, a unificação da Itália torna possível a superação das barreiras entre as diversas áreas da península e, com isso, o estabelecimento no vale Padano de empreendedores provenientes do sul, determinados a promover e a difundir a cultura e o consumo dos queijos de pasta filada em todo o território nacional.

O Provolone, portanto, é um queijo meridional, e após a Unificação, alguns empreendedores do sul decidem não apenas vender seu queijo também no norte, o que seria uma coisa sensata, mas sim ir produzi-lo diretamente no vale Padano. Por que deveriam fazer isso? Mas então, quem são esses empreendedores do sul da Itália que pouco depois da metade do século começam a implantar fábricas no norte, em cuja possibilidade nem mesmo os nativos de lá ainda haviam pensado? Talvez o redator dessas poucas linhas, a quem fugiu por completo a realidade econômica e social da Itália na metade do século XIX, tenha querido envolver com uma aura romântica uma história empreendedora de grande sucesso e que começou muito tempo depois da Unificação da Itália.

Eu havia dito que falaríamos de Auricchio: pois então, a verdadeira história do Provolone Valpadana coincide com a história dessa empresa. Tudo começou em San Giuseppe Vesuviano, a poucos quilômetros de Nápoles, em 1877; ali, Gennaro Auricchio iniciou sua produção de queijos, da qual o mais importante era exatamente o provolone, um queijo saboroso muito apreciado na região da Campânia. A empresa se expandiu, também impulsionada por uma consistente demanda do exterior, em particular da América do Norte, onde a presença de uma forte comunidade de ítalo-americanos de origem campana favorecia esse tipo de produto. Cerca de noventa anos após a fundação, os herdeiros de Gennaro abriram o primeiro estabelecimento no norte, exatamente em Pieve San Giacomo, perto de Cremona. Na segunda metade dos anos 1970, esse estabelecimento se tornou o mais importante do grupo, mesmo que o polo de Somma Vesuviana permanecesse ativo. Porém, nessa altura, tornou-se necessário haver uma denominação para o provolone feito em Cremona, que, além de tudo, estava apoiando boa parte da zootecnia local. De fato, o interesse em promover esse produto não era só da Auricchio, mas também dos criadores e das instituições locais, e assim, entre o fim dos anos 1980 e o início dos anos 1990, começou o percurso para a obtenção da DOP, que chegou, com pontualidade, em 1993, com o nome oficial de "Provolone Valpadana".

Essa é sem dúvida uma história de sucesso, mas que tem muito pouco a ver com a tipicidade, como a entendemos normalmente. Tanto é verdade que para sustentá-la é preciso fazer verdadeiras acrobacias históricas. E é justo esse paradoxo que deveria ensinar algo aos paladinos da tradição a qualquer custo: a tradição não é estabelecida por decreto, ela se afirma no mercado. O ilógico, mas apreciado, Provolone Valpadana está aí para provar.

Enfim, a Padânia foi inventada por um napolitano.

16.
E viva a Nutella!

Eis-nos então no fim de nossa exposição. Na realidade, haveria muitas outras histórias a serem contadas, de produtos típicos inventados há poucos anos, ou alterados radicalmente em relação ao que eram em tempos passados. Mas, enfim, já estamos entendidos, e espero que o conceito esteja bem claro. Não me parece necessário acrescentar outros casos; outras pessoas, se quiserem, podem fazê-lo, mas eu, por ora, paro por aqui. Porém, depois de ter mostrado como muitos, se não todos, produtos típicos italianos (e não apenas) são frutos de operações mais ou menos temerárias dos últimos quarenta anos, preciso também dizer algo sobre essa bendita tipicidade, porque não queria passar a ideia de que este livro quer provar que não existe tipicidade.

Existe sim, e como!, e agora eu gostaria de falar de verdadeiros produtos típicos italianos, tentando antes de tudo dar uma definição de tipicidade, depurada de todas as incrustações ideológicas que quase fatalmente ela leva consigo. Com efeito, não devemos esquecer que nos últimos anos os produtos típicos assumiram um papel não secundário no debate sobre as políticas agrícolas, sobretudo dentro da União Europeia e em um país como a Itália, com suas históricas fraquezas no setor primário. Esse debate, como é natural, logo se caracterizou por uma forte conotação ideológica. Os produtos típicos então se tornaram bandeira de um setor agroalimentar "bom" e "saudável", contraposto à padronização das produções e do gosto imposta pelas indústrias e pelas multinacionais "malvadas" e "patógenas". Em resumo, o conceito de tipicidade faz lembrar uma série de imagens positivas como "território", "tradição", "identidade", "desenvolvimento local", "ambiente" etc. Em uma síntese extrema, poderíamos dizer que a definição de tipicidade envolve uma dimensão dupla: tradição e território.

Mas existe também a capacidade evocativa dos produtos típicos em relação a lugares distantes ou tempos passados, que representam elementos constitutivos desses produtos. Em outras palavras, o produto típico, para sê-lo, deve ter em si um caráter mitológico. Era assim na Londres da primeira metade do século XIX e é assim hoje nos supermercados do mundo todo. Era assim para o Madeira, que os ingleses bebiam imaginando viagens marítimas cheias de aventura, e é assim hoje quando compramos o lardo de Colonnata, pensando na dura vida daqueles que extraíam o mármore. E, portanto, vamos adicionar mais uma pecinha no mosaico da tipicidade: a do mito, justamente. Um mito que, enquanto tal, deve ser construído. Porém, isso não significa diminuir a importância da qualidade intrínseca desses produtos, mas inserir seu sucesso dentro de um processo muito mais articulado. Como se pode facilmente intuir, essa passagem nos leva direto para a história do marketing e, por que não?, para o marketing da história.

Mas eu não gostaria que alguém aqui pensasse que só nós, italianos, é que somos espertinhos. Para acabar com esse pensamento maldoso, basta considerar o caso do chocolate suíço, cuja imagem veiculada pelo produto é a de um país inteiro, mas que tem bem pouco a ver, na verdade, com o chocolate. A iconografia clássica do chocolate produzido com a adição de leite das vacas alpinas, cujo corolário são os clássicos chalés de montanha, os picos cobertos de neve e as vastas pastagens, há muito tempo tem pouca relação com o verdadeiro processo produtivo. Já no começo do século XX, de fato, as grandes marcas da indústria de doces suíça (Nestlé, Suchard, Tobler, Lindt etc.) haviam sido internacionalizadas fazia pouco tempo e tinham iniciado um processo de deslocalização da produção, que, na prática, faria desaparecer a produção do chocolate do território da Confederação. Paradoxalmente, mas até certo ponto, as escolhas do marketing fariam com que, quando na Suíça não se produzisse (ou quase não se produzisse) mais chocolate, a ligação com a imagem do país se tornasse mais forte. Enfim, parece-me que, além de tantos casos italianos, esse do chocolate suíço também prova como é necessário rever um pouco das convicções difundidas sobre os produtos típicos e sobre o conceito de tipicidade em geral.

Recapitulando, podemos afirmar com tranquilidade que a cadeia curta, a artesanalidade, as origens pré-industriais e uma "naturalidade" não muito precisa têm pouco a ver com a tipicidade; ou melhor, têm a ver com a narrativa, mas não com o produto típico em si. Desse modo, poderíamos dizer que a tipicidade, em relação a um produto agroalimentar (mas não só), é uma característica que se constrói através da identificação com um território, cuja delimitação, porém, é sempre fruto de uma operação artificial e que responde a lógicas exclusivamente econômicas. O outro elemento seria a tradição, mas aqui o discurso fica ainda mais complicado, porque, como já vimos, a tradição pode ser inventada; aliás, a tradição é sempre fruto de uma invenção mais ou menos recente.

Então é melhor ir logo ao que interessa: sem o território (que tem limites arbitrários) e sem a tradição (que é inventada), o que sobra para definir um produto típico? Desculpem se sou rude para explicar as coisas, mas não dá para fazer rodeios. Território e tradição são elementos que identificam a produção; em termos econômicos diríamos a oferta. Em vez disso, o produto agroalimentar típico deveria ser reconhecido através daqueles que o consomem, ou seja, a demanda. Quem o produz, como o produz, com quais ingredientes, com quais tecnologias etc. são elementos irrelevantes na definição de um produto típico; o que conta é quem o consome, com qual fidelidade e há quanto tempo. O famoso espaguete à bolonhesa, por exemplo, que se come em todos os restaurantes italianos do mundo, menos na Itália, é ou não é um produto típico italiano? É evidente que se você perguntar isso a um americano ou a um inglês, eles vão te olhar como se você fosse louco, pelo absurdo da pergunta: o que pode ser mais italiano do que um prato de espaguete com o clássico ragu italiano? O problema é que esse prato não existe na Itália. E não existe porque ninguém nunca pediu, fora algum turista americano, que sem dúvida recebeu uma chuva de impropérios. Então é a demanda o que torna um produto típico, e o fato de que milhares de restaurantes na Itália ofereçam um prato não torna esse prato uma especialidade dos italianos.

Na realidade, haveria ainda outro aspecto a ser acrescentado aqui, que se refere à produção: a estabilidade no tempo do próprio produto. Explicando: quanto aquele determinado produto mudou em sua preparação e nas suas características externas ou de sabor? Quanto mais um produto se mantém estável no tempo, tanto mais podemos considerá-lo típico. Como já vimos, muitos dos produtos típicos analisados nos capítulos anteriores sofreram imensas alterações nas últimas décadas.

Então, se os produtos típicos são identificados pela plateia de consumidores e pela estabilidade do próprio produto, a conclusão não pode ser outra: os verdadeiros produtos típicos italianos são apenas aqueles que normalmente consideramos industriais. A Nutella, a Cedrata Tassoni, o Chinotto San Pellegrino, a Amarena Fabbri, o Fernet Branca, o Martini, o Cornetto Algida, o Crodino, a Coppa del Nonno, os

Baci Perugina, o Buondì Motta, o Cynar e mil outros produtos italianos não têm menos história, menos enraizamento territorial e menos tradição técnica do que o Pomodoro di Pachino, o Prosciutto di San Daniele ou o Dolcetto d'Alba. Aliás, têm mais. Até mesmo o totem da tipicidade italiana, a pasta, é típica exatamente enquanto industrial; uma das marcas mais prestigiosas, a De Cecco, de fato, precisou esclarecer de uma vez por todas que a qualidade de seus produtos não depende da proveniência italiana das matérias-primas, mas da seleção destas e, sobretudo, do processo produtivo padronizado e controlado. Quando a pasta era apenas artesanal e com matérias-primas de quilômetro zero, 99,9% dos italianos nem sabiam o que era.

Como vemos, chegamos a inverter por completo um paradigma histórico consolidado; aliás, eu diria um paradigma cultural que parece ter se tornado uma verdade indiscutível, que ninguém sonha pôr em dúvida. Podemos sintetizar assim essa aparente verdade: um produto alimentar industrial é por definição menos enraizado em um território, menos genuíno e, portanto, menos bom do que qualquer produto alimentar não industrial. Bem, sabemos que é exatamente o contrário. Sobre o fato de um produto da indústria alimentícia ser mais ou menos bom, para dizer a verdade, não podemos opinar, porque a opinião de cada um depende de seus gostos pessoais, mas sobre sua genuinidade e seu enraizamento territorial não existem dúvidas. Além disso, a continuidade familiar na gestão das empresas e a consequente transmissão dos valores empresariais e o cuidado com a qualidade do produto são bem mais garantidos pela indústria do que pela produção difusa de tipo artesanal.

Querem exemplos? Vamos já falar do maior deles, assim depois não precisamos mais pensar nisso: a Nutella. O creme da Ferrero foi inserido no mercado com esse nome em 1964, mas já a partir do início dos anos 1950 a casa de Alba produzia um creme de gianduia com base de avelãs piemontesas; nascido provavelmente no início do século XIX, era um produto muito apreciado, de início apenas no Piemonte e depois também no resto da Itália, já na primeira metade do século XX. Comprar um *gianduiotto* era um luxo ao qual os italianos dificilmente renunciavam quando sua disponibilidade econômica lhes permitia. A intuição de Ferrero foi a de fazer dele um creme a ser vendido em um pote de vidro. Aquilo que talvez possa surpreender é o sucesso imediato da Nutella, inclusive para além das fronteiras nacionais. Esse sucesso, enfim, não para há mais de cinquenta anos. Trata-se hoje de um produto global, que talvez tenha mais tentativas de imitação do que a mítica revista de entretenimento *Settimana Enigmistica*. Mas são exatamente essas imitações que certificam seu sucesso e, de certa forma, o reforçam. Mesmo que hoje os estabelecimentos de produção estejam espalhados por todos os continentes, existe alguém, entre os milhões de consumidores do mundo, que não saiba que a Ferrero, e portanto a Nutella, é italiana?

O creme da Ferrero é um símbolo da Itália, tanto quanto a Vespa Piaggio. Quando apareceu, tornou-se símbolo de modernidade e de riqueza na Itália que queria deixar para trás a fome e a ausência de liberdade das décadas anteriores. Exatamente como acontece com a Vespa, esses símbolos e imagens de alguma forma se ligam também a uma ideia de prazer e de saber viver. A mensagem subentendida transmitida através da Nutella era a de um país moderno e industrial, mas que ainda sabia inventar e realizar seus produtos com um cuidado artesanal e uma fantasia capaz de ir da produção de motocicletas à de chocolate, passando por tecidos refinados e móveis para a casa.

A Nutella nos mostra que o verdadeiro produto típico italiano é a inovação; isso, se pensarmos bem, é o exato oposto da suposta tipicidade cristalizada nos regulamentos dos vários consórcios de tutela, que não admitem desvios ou mudanças, sob pena da perda da tão cobiçada denominação.

Poderíamos dizer que os produtos típicos certificados, com uma marca de tutela ou selo de qualidade qualquer e com um regulamento, são um pouco o Carlo Goldoni do agroalimentar. Sabem aquela commedia dell'arte com seus atores capazes de improvisar sobre *canovacci** muito simples? Então, aqueles eram os produtos típicos italianos — os salames, os queijos, os vinhos etc. — antes do advento de DOC, DOP, IGP e outros. Obviamente havia atores incríveis e outros menos, às vezes a comédia ia bem, outras vezes o comediante não estava inspirado e o público ia embora desiludido. A mesma coisa acontecia com os produtos. O queijo que se fazia ali pelos lados de Parma era mais ou menos aquele, porque cada dona de casa havia aprendido o ofício com o pai ou qualquer outro queijeiro da região e trocavam-se conselhos e ideias. Mas o queijeiro era também aquele que todo dia tinha que lidar com matérias-primas de características variáveis e que decidia o tempo e o modo de fazer o queijo, que às vezes saía bom, às vezes não. Aliás, às vezes tinha que ser jogado fora mesmo. Em certo momento, Carlo Goldoni chegou ao mundo da commedia dell'arte e começou a escrever roteiros, estabelecendo, até nas vírgulas e nas pausas, o que os atores deviam dizer, quando e de que parte do palco o personagem devia entrar em cena, e quando devia sair. É claro que daquele modo era difícil que o público ficasse completamente desiludido, mas também é claro que as invenções e a criatividade dos atores foram perdidas para sempre.

---

* Os canovacci eram roteiros muito simples, que indicavam em linhas gerais os elementos de uma peça, sem se aprofundar nos detalhes das cenas. A partir deles, havia a improvisação dos atores.

Em outras palavras, haveria essa ideia um pouco esquisita da tipicidade sem invenção e sem inovação, mas também sem acúmulo criativo do saber. É como se o objetivo de muitos consórcios de tutela fosse conseguir aplicar o método McDonald's à produção de queijos, vinhos, charcutaria. É o paradoxo de um sistema artesanal que se padroniza para sancionar a própria tipicidade, que se torna indústria para mostrar ser diferente da indústria. Tanto é que a *damnatio memoriae* em relação à indústria agroalimentar é suficiente para justificar esse paradoxo. E o mais fantástico é que até mesmo indústrias vivas e saudáveis, que ainda são uma peça fundamental de nossa exportação e um símbolo do made in Italy capaz de impulsionar a imagem de toda a cozinha italiana no mundo, estão assim condenadas a ter sua memória apagada.

Depois da Nutella, sigamos com os exemplos, só tem o problema de escolher qual. Em Bolonha encontramos a Amarena Fabbri. Na realidade, o caso da Fabbri teria milhares de facetas, porque aqui temos a história de uma continuidade empresarial realmente única, com a família já na quinta geração; há a capacidade de inventar um produto, os preparados para sorvetes, que em essência cria um dos símbolos do made in Italy: o sorvete artesanal. Sem os preparados Fabbri, seria difícil imaginar uma identificação tão forte do sorvete com a Itália fora dos limites nacionais. Mas vamos focar no produto principal, a amarena em calda, que apareceu já antes da guerra, nos anos 1930, mas tornou-se de massa nos anos 1950. Obviamente muitos fatores são necessários para determinar esse sucesso. Em primeiro lugar, a qualidade e a segurança do próprio produto: quando compramos a Amarena Fabbri, sabemos exatamente o que vamos saborear. Em segundo lugar, a embalagem: o vaso de cerâmica, com os típicos ornamentos azuis de Faenza, é um produto em si, que adiciona um elemento de identificação ao conteúdo. Enfim, a publicidade: a Amarena Fabbri se torna produto nacional com *Carosello* e com Salomone, "*il pirata pacioccone*".* O resultado final é que para os italianos "Amarenafabbri" vira quase uma palavra única, e, mais uma vez, a despeito de todas as tentativas de imitação. Fora da Itália, os produtos da Fabbri se tornam o símbolo de uma qualidade alimentar que se estende inclusive a outras marcas e outras especialidades.

Outra palavra única é "Cedratatassoni", e nesse caso a ligação com o território é mais forte do que aquela que podemos encontrar em muitos dos chamados produtos típicos que vimos nos capítulos anteriores. A Tassoni é uma empresa de Salò, no lago de Garda; inicialmente, era um dos tantos laboratórios farmacêuticos que, a partir da metade do século XIX, começaram a produzir bebidas revigorantes, refrescantes, digestivas etc. A grande intuição da empresa de Salò foi exatamente a de valorizar um produto local, a cidra de Garda, para dele fazer, nos anos 1920, um xarope refrescante, a Cedrata Tassoni. É claro que a ligação com as cidras locais logo seria perdida, com o crescimento do volume produzido, mas do ponto de vista da imagem e da publicidade essa ligação nunca diminuiria; aliás, seria reforçada e desfrutada até mesmo nas décadas do pós-guerra. Em 1956, de fato, foi lançada a Tassoni Soda, uma cedrata já pronta e frisante que teve um sucesso imediato. Nesse caso também, assim como no da Nutella, desejava-se enfatizar os elementos de modernidade do produto e, por que não?, da mundanidade, escolhendo Mina** como principal certificadora da marca. Mas se formos olhar os primeiros *Carosello*, vemos claramente como queriam também afirmar a importância do contexto natural e agrícola em que

---

* Em tradução livre, *Salomão, o pirata bonachão* foi um desenho animado veiculado em *Carosello* entre 1965 e 1976 para promover os produtos Fabbri.
** Mina Mazzini, uma das maiores cantoras italianas de todos os tempos.

nascia a cedrata, com Mina cantando com as imagens do lago de Garda ao fundo, árvores frutíferas nas margens e assim por diante.

O caso da Cedrata Tassoni é particularmente interessante também porque parece se adaptar à perfeição ao modelo teórico de tipicidade traçado antes. Realmente, não há apenas a ligação com o território e a continuidade de um produto que não muda faz mais de sessenta anos, há também uma fortíssima caracterização nacional do mercado. A Cedrata Tassoni Soda, ao contrário da Nutella, sempre foi vendida só na Itália até 2013, quando começou a chegar ao mercado norte-americano. Trata-se, portanto, de uma identificação muito forte com um gosto nacional de que poucos produtos podem se vangloriar com tamanha continuidade e intensidade. E não pode ser por acaso que, com essa primeira internacionalização da Tassoni, tenham entrado em cena diversas novas marcas de cedrata, que, obviamente, não são capazes de arranhar a primazia da casa de Salò na Itália, mas estão muito mais dirigidas ao mercado de exportação, o que prova como o impulso de uma marca tradicional em nível nacional pode fazer da cedrata um produto internacional, cujo valor agregado é exatamente a forte identidade italiana.

Um ano antes de a Tassoni lançar no mercado a Cedrata Soda, a Motta começava a vender um produto destinado de verdade a se tornar proverbial: a Coppa del Nonno. Também nesse caso, o sucesso no mercado nacional foi imediato; de resto, esse sorvete de café se juntava a outros sorvetes que a Motta havia criado nos anos precedentes, entre os quais o famoso Mottarello, que talvez não tenha sido o primeiro picolé do mundo, mas chega perto disso, digamos que está no pódio. Mottarello e Coppa del Nonno se tornaram dois sorvetes que identificavam uma tipologia de produtos: nos anos do boom, para os italianos todos os picolés eram "mottarelli", a despeito da marca e do gosto, ao passo que a Coppa del Nonno era tão característica, com uma embalagem tão original, que se tornou inimitável. O mito do sorvete italiano no mundo nasceu sobretudo graças a esses produtos, aos quais podemos acrescentar outras marcas, como Sanson ou Sammontana, mas principalmente o Cornetto, criado em 1959, mas que só se tornou um produto global depois da aquisição da Algida por parte da multinacional holandesa Unilever em 1974 e o sucessivo lançamento do Cornetto com a marca Algida em 1976.

A clamorosa expansão das sorveterias artesanais a partir dos anos 1980 se deve em especial ao sucesso dos sorvetes produzidos entre a metade dos anos 1950 e o fim dos anos 1970. Vinte e cinco anos durante os quais o sorvete italiano conquistou uma reputação internacional que antes não tinha, para a qual contribuiu, como vimos, até mesmo a própria Fabbri, que inventou uma gama de produtos que tornava a produção de sorvetes artesanais muito simples e segura. Enfim, a identificação do sorvete como um produto típico da Itália além dos limites nacionais se deve, antes de tudo, à indústria, e só posteriormente seria desfrutada por hábeis artesãos, que além disso continuariam a utilizar em ampla medida os preparados industriais da Fabbri e de seus concorrentes.

Como vemos, a relação entre indústria e artesanato no setor agroalimentar é muito mais complexa e articulada do que normalmente se acredita. De alguma forma a história do vinagre balsâmico já demonstrou isso, mas os casos são inúmeros, e um dos mais interessantes é o do vermute. Também nesse caso, é inútil repercorrer a história de marcas internacionais como Martini & Rossi, Carpano ou Gancia, mas é importante ressaltar como nos últimos dez ou quinze anos nasceram, ou renasceram, pequenas atividades artesanais dedicadas à produção desse vinho aromatizado. Esses produtores estão criando mercados sólidos, mas também nichos de apreciadores no mundo, exatamente graças à inabalável fama das grandes casas italianas, que de alguma forma impuseram um estilo e sancionaram que essas bebidas alcoólicas só podem ser italianas. Nesse caso também é a indústria que impulsiona um novo setor artesanal e consolida a imagem de um país em que os prazeres da mesa são um elemento identitário.

Mais ou menos o mesmo mecanismo aconteceu algum tempo atrás em Perugia, cidade hoje considerada uma das capitais italianas do chocolate, mas que até o nascimento da Perugina não tinha nenhuma tradição desse ponto de vista. Aliás, a identificação da cidade com o chocolate começou na crise da Perugina, que em 1988 passou para o controle da suíça Nestlé, e não durante um período de sucesso. Nesse caso também há um produto-símbolo, ou seja, o célebre Bacio Perugina. Aqui as lendas são muitas, quase pior do que o Lardo di Colonnata ou o Prosciutto di Carpegna: vamos de Mussolini a Frank Sinatra... Mas, para além disso, permanece o fato de que o Bacio Perugina é um produto de grande sucesso desde os anos 1930. A única relação da cidade com o chocolate era exatamente a fábrica da família Buitoni; trata-se de um clássico modelo distrital, em que a grande fábrica cria as condições para o nascimento de muitas outras empresas do mesmo setor, não apenas através do pool de atividades-satélites (que nesse caso nunca existiu), mas sobretudo através da identificação de um território com um produto, o chocolate. Hoje em Perugia há feiras e um festival internacional do chocolate, mas foi a indústria que criou essa imagem da cidade, e não um artesanato que há cerca de vinte anos inexistia por completo.

Resumindo, enfim, esses exemplos demonstram amplamente como o mito gastronômico da Itália deve muito à indústria alimentícia. Sobretudo nos anos do boom econômico, quando o país queria projetar para o exterior uma imagem de modernidade e capacidade de inovação, a indústria agroalimentar conseguia conjugar esses aspectos com o bem viver e o bom gosto. Nesse caso, a comparação com a moda faz com que corramos o risco de desviar do caminho, porque a moda italiana conseguiria se impor em nível internacional apenas algumas décadas mais tarde, a partir dos anos 1980, com as grandes marcas Valentino, Armani, Versace, Prada etc., exatamente quando os setores mais modernos que haviam impulsionado a economia do país nos anos 1950 e 1960 começaram a diminuir o ritmo.

Estamos sempre ali, naquele fatídico período de grande dificuldade para a economia italiana que reverbera até no nível social e cultural. Na "Introdução", já vimos as consequências para o modelo de desenvolvimento do país, com a inesperada centralidade atribuída aos produtos típicos e o nascimento ou renascimento de muitas tradições enogastronômicas e folclóricas. Mas até mesmo a indústria alimentícia foi, de alguma forma, afetada por esse período. Como uma espécie de ressaca, a invenção da tipicidade foi incorporada pela indústria. É só pensarmos em extraordinários fenômenos de marketing como os produtos para panificação Mulino Bianco ou a pasta industrial de Giovanni Rana, que não por acaso se afirmaram no mercado nacional em torno da metade dos anos 1970. Aquela indústria alimentícia que havia feito da inovação, da segurança e da modernidade seus elementos distintivos agora buscava um novo público, construindo uma imagem fictícia feita de tradição e artesanalidade. A indústria respondeu à invenção da tradição entrelaçando de modo inextricável o futuro e o passado, ambos, repito, completamente inventados.

Agradecimentos

Tenho muitas pessoas a quem agradecer.

Antes de tudo, à minha família, que suportou meus silêncios, meus solilóquios, minhas ausências e minhas presenças incômodas até demais. Em particular, agradeço à minha filha Sofia, à qual o livro é dedicado, que leu e comentou cada capítulo; a quem devo também algumas intuições que eu nunca teria tido.

Depois, Daniele Soffiati, o primeiro a acreditar que este livro poderia nascer, quando eu ainda não o havia começado e ele era apenas uma ideia, entre outras coisas bastante nebulosas.

Agradeço ao meu grupo de leitura pessoal: Massimiliano Fontana, Claudio Palmierini e Davide Prandini, que tiveram a paciência de ler o manuscrito em suas várias versões e nunca deixaram de dar sugestões, fazer críticas e compartilhar ideias. Sem eles, o livro certamente teria sido pior.

Agradeço a Sergio Farina, pelas longas e sinceras discussões sobre o teatro de Carlo Goldoni, a quem, como ele mesmo poderá constatar, no fim das contas precisei dar razão.

Gostaria de agradecer a Simone Metta pela contribuição fundamental ao aprimoramento do texto.

Tenho também um grande grupo de colegas que me deram uma mão no plano metodológico, científico e estilístico, bem como nos conteúdos, o que sanou muitas falhas que havia aqui. Marco Belfanti, Giovanni Ceccarelli, Paolo Fabbri, Alberto Guenzi, Stefano Magagnoli, Massimo Montanari e Ivan Paris.

Por fim, gostaria de expressar meu reconhecimento aos alunos que nestes anos seguiram meus cursos e discutiram comigo suas teses sobre temas ligados à alimentação, ajudando-me a coletar material e notícias e me oferecendo assuntos originais para reflexão.

Glossário da tipicidade

Nas páginas anteriores, vocês viram com frequência a citação de siglas de que certamente já ouviram e cujos nomes leram em muitos lugares: em rótulos de vinhos, queijos, charcutaria e muito mais. Como neste livro falamos exclusivamente de produtos típicos que têm alguma certificação ou uma marca de tutela, considero útil definir aqui a história e as características específicas de cada uma dessas siglas e o que representam em termos dos controles sobre os processos produtivos, das áreas de proveniência e, portanto, em última análise, do ponto de vista das garantias para os consumidores. As siglas estão ordenadas em sentido "hierárquico": das mais vinculativas e rigorosas às mais simples e com menores obrigações para os produtores. O nível hierárquico depende também da importância da instituição que emite a marca de tutela, por isso partimos daquelas emitidas pela União Europeia até as concedidas e reconhecidas por uma comuna ou por associações privadas.

Marcas de tutela concedidas pela União Europeia

DOP — DENOMINAZIONE DI ORIGINE PROTETTA
[Denominação de Origem Protegida]
 É a denominação que prevê os vínculos mais fortes para os produtores e as máximas tutelas para os consumidores. Instituída em 1992 com o regulamento CE n. 2081/92 e depois

profundamente modificada com o regulamento CE n. 510/2006; trata-se de uma marca de tutela jurídica da denominação atribuída pela União Europeia a alimentos que tenham características qualitativas peculiares ligadas aos territórios em que são produzidos. Por território, entende-se tanto o conjunto dos fatores naturais (clima, características ambientais) quanto fatores humanos (técnicas de produção transmitidas ao longo do tempo, artesanalidade, know-how). Para obter a marca, os produtores devem se ater às regras rígidas estabelecidas nos regulamentos. O respeito a tais regras é garantido por um organismo de controle específico.

O percurso para a obtenção da DOP prevê que o pedido de registro seja apresentado exclusivamente por uma associação que reúna os produtores daquela determinada especialidade agroalimentar.

Uma vez obtida a marca, o Estado-membro no qual recai a área de produção deve designar o órgão de controle para verificar o constante respeito ao regulamento específico e a todos os regulamentos da União Europeia por parte dos produtores que usam a denominação.

IGP — INDICAZIONE GEOGRAFICA PROTETTA
[Indicação Geográfica Protegida]

Também instituída com o regulamento CE n. 2081/92 e depois modificada com o regulamento n. 510/2006, essa marca de origem é atribuída pela União Europeia àqueles produtos agrícolas e alimentares para os quais pelo menos uma fase do processo produtivo aconteça em uma área particular. Trata-se, portanto, de um nível de "tipicidade" levemente inferior em relação à DOP. Em todo caso, uma IGP também precisa se ater às regras produtivas estabelecidas nos regulamentos, e nesse caso é igualmente prevista a identificação, por parte do Estado-membro, de um órgão de controle específico.

STG — SPECIALITÀ TRADIZIONALE GARANTITA
[Especialidade Tradicional Garantida]

Essa certificação, disciplinada pelo regulamento CE n. 509/2006, identifica produtos agrícolas e alimentares que tenham uma "especificidade" ligada ao método de produção ou à composição ligada à tradição de uma região, mas que não sejam produzidos necessariamente apenas em tal região. Para esses produtos, enfim, também é previsto um regulamento de produção específico. São apenas dois os produtos italianos que obtiveram o selo IGT (Indicazione Geografica Tipica): a Pizza Napoletana e a Mozzarella.

DENOMINAÇÃO DOS VINHOS

No que se refere aos vinhos, o regulamento CE n. 1234/2007 e as sucessivas mudanças que aconteceram com o regulamento CE n. 491/2009 preveem a atribuição dos selos DOP e IGP também para esses produtos específicos, desde que "o nome de uma região, de um local determinado ou, em casos excepcionais, de um país sirva para designar um produto (vitícola) cuja qualidade e cujas características se devam essencial ou exclusivamente a um meio geográfico específico, incluindo os fatores naturais e humanos". Esses regulamentos europeus substituíram as normativas nacionais anteriores, e hoje as siglas DOC (Denominazione d'Origine Controllata), DOCG (Denominazione d'Origine Controllata e Garantita) e IGT (Indicazione Geografica Tipica) podem ainda ser usadas, mas apenas como "Menções específicas tradicionais", graças a um decreto legislativo específico emitido pelo governo italiano em 2010 (D. Lgs. n. 61/2010). Em linhas gerais, pode-se dizer que a IGP corresponde à IGT e que o selo DOP corresponde aos selos DOC e DOCG.

Marcas de tutela concedidas pelo Estado italiano

Essencialmente, não sobrou nenhuma competência exclusiva para a administração estatal italiana no que se refere à concessão das várias marcas de tutela, mas o Ministério das Políticas Agrícolas, Alimentares e Florestais (MiPAAF) ainda tem a faculdade de emitir um parecer e de instruir as várias práticas a serem enviadas à Comissão Europeia. Além disso, o Ministério tem a tarefa de atualizar as listas dos produtos típicos reconhecidos pelas várias regiões. Como já dito, no que se refere aos vinhos, as marcas nacionais DOC, DOCG e IGT, cujo reconhecimento, até 2009, era de competência específica do MiPAAF, mesmo que ainda sejam utilizáveis em etiqueta, foram substituídas pelas marcas europeias DOP e IGP.

Marcas de tutela concedidas pelas regiões

PAT — PRODOTTI AGROALIMENTARI TRADIZIONALI
[Produtos Agroalimentares Tradicionais]

São produtos agroalimentares inseridos na devida lista atualizada pelo MiPAAF sobre indicação das regiões. Para se obter tal certificação é necessário que os produtos sejam "obtidos com métodos de transformação, conservação e maturação consolidados no tempo, homogêneos para todo o território interessado, segundo regras tradicionais, por um período não inferior a 25 anos". As normas para a sua identificação e a lista nacional dos PAT foram instituídas com o D.M. n. 350 de 8/9/1999. A primeira lista dividida por regiões foi publicada em 2000. Para esse tipo de certificação não são obrigatórias entidades de controle e regulamento de produção. As fichas descritivas dos produtos predispostos pelas regiões, de fato, não têm função normativa, portanto as empresas não são obrigadas a seguir suas indicações.

Marcas de tutela concedidas pelas comunas

DE.CO. — DENOMINAZIONI COMUNALI
[Denominações Comunais]

As Denominações Comunais de Origem (De.C.O.), ou Denominações Comunais (De.Co.), são marcas de garantia que surgiram com a lei de 8 de junho de 1990, n. 142, que concede às comunas a faculdade de disciplinar em matéria de valorização das atividades agroalimentares tradicionais. Na realidade, tais denominações foram utilizadas não apenas para os produtos agroalimentares, mas também para várias tradições locais de caráter folclórico ou religioso. Mesmo para esses produtos, o eventual regulamento não tem valor normativo ou de vínculo para os produtores.

Outras marcas de tutela

FORTALEZAS SLOW FOOD

As Fortalezas Slow Food nasceram em 1999 para a recuperação e a salvaguarda de pequenas produções de excelência gastronômica. A certificação é concedida por um comitê científico de Slow Food. É preciso lembrar que desde 2003 o projeto das Fortalezas Slow Food levou à criação da Fundação Slow Food para a Biodiversidade Onlus. Os critérios de definição das Fortalezas são similares àqueles de certificações como IGP e DOP, mas com um regulamento de uso muito mais rígido e com uma visão socioeconômica muito ampla. O objetivo declarado é substituir o critério de uma seleção dos produtos operada pelos órgãos públicos por um reconhecimento que se baseia apenas na confiança na seriedade das escolhas feitas por uma associação internacional. Muito frequentemente os produtos coincidem com os reconhecidos como PAT pelas regiões, mas as Fortalezas Slow Food deveriam garantir uma uniformidade de estilo dos regulamentos e dos critérios que faltam nas diversas gestões regionais.

Referências bibliográficas

Apesar das aparências, este é um livro de história. Na verdade, ensinar história e escrever sobre história são as únicas coisas que, bem ou mal, eu sei fazer. Porém, não é um livro de história fruto de pesquisas em documentos de arquivo, como geralmente se faz, mas um livro nascido da releitura crítica daquilo que muitos autores, inclusive eu, já publicaram. Em termos técnicos, este livro não se baseia em fontes primárias, mas em fontes secundárias. Então pensei em subdividir a bibliografia em duas seções: a primeira foi pensada para aqueles leitores que confiam em mim e que querem se aprofundar no assunto; a segunda é para aqueles leitores que, justamente, não confiam em mim e portanto querem ter mais segurança. Obviamente, os primeiros podem, ou melhor, devem, acessar também a segunda seção, e vice-versa. Digamos que a segunda seção tem um recorte mais acadêmico e mais amplo, por isso talvez um pouco mais hostil e dispersivo para um leitor que se aproxima pela primeira vez da história da alimentação, com todas as suas ligações com a história econômica, a história social, a história da agricultura, a história cultural e assim por diante, até chegar à história do desenvolvimento local, da medicina e da indústria. Sem esquecer um toquezinho de psicologia, antropologia e etnografia, que nunca fazem mal.

Bibliografia para quem confia

BRESSANINI, D. *Pane e bugie*. Milão: Chiarelettere, 2010.

____. *Le bugie nel carrello*. Milão: Chiarelettere, 2013.

CAPATTI, A. *Storia della cucina italiana*. Milão: Guido Tommasi Editore, 2014.

CAPATTI, A.; DE BERNARDI, A.; VARNI, A. (Orgs.). *Storia d'Italia, Annali 13: L'alimentazione*. Turim: Einaudi, 1998.

CAPATTI, A.; MONTANARI, M. *La cucina italiana: Storia di una cultura*. Bari: Laterza, 2006.

DICKIE, J. *Delizia!: The Epic History of the Italians and their Food*. Londres: Hodder & Stoughton, 2007.

FLANDRIN, J. L.; MONTANARI, M. (Orgs.). *Storia dell'alimentazione*. Roma-Bari: Laterza, 2003.

HOBSBAWM, E. J.; RANGER T. (Orgs.). *L'invenzione della tradizione*. Turim: Einaudi, 1987.

KEYS, A.; KEYS, M. *Mangiar bene e star bene*. Pádua: Piccin, 1962.

MONTANARI, M. *L'identità italiana in cucina*. Roma-Bari: Laterza, 2013.

____. *La fame e l'abbondanza*. Roma-Bari: Laterza, 2014.

Ó GRÁDA, C. *Storia delle carestie*. Bolonha: Il Mulino, 2011.

PORTINCASA, A. *Scrivere di gusto*. Bolonha: Pendragon, 2016.

REBORA, G. *La civiltà della forchetta*. Roma-Bari: Laterza, 2009.

UNWIN, T. *Storia del vino*. Roma: Donzelli, 1993.

WEINBERG, B. A.; BEALER, B. K. *Tè, caffè e cioccolata*. Roma: Donzelli, 2009.

Bibliografia para quem não confia

AA.VV. *L'Italia dei Presìdi: Guida ai prodotti da salvare*. Bra: Slow Food Editore, 2004.

AGOSTI, G. *Mantegna 1961 Mantova*. Mântua: Arcari, 2006.

ALBERINI, M. *Cento ricette storiche*. Florença: Sansoni, 1974.

AMATORI, F. et al. (Orgs.). *Storia d'Italia. Annali 15. L'industria*. Turim: Einaudi, 1999.

ANCA MARTINEZ, G. *Il vino Marsala negli scambi internazionali*. Gênova: F.lli Pagano, 1949.

ANSELMI, S. (Org.). *Storia d'Italia. Le regioni dall'Unità a oggi: Le Marche*. Turim: Einaudi, 1987.

ANTELMO, G. *Marsala e il suo vino*. Perugia: Ali&no Editrice, 2004.

APICIO. *La cucina di Roma*. Milão: Veronelli, 1957.

ARTUSI, P. *La scienza in cucina e l'arte di mangiare bene*. Org. de Piero Camporesi. Turim: Einaudi, 1970.

____. *Autobiografia*. Milão: Il Saggiatore, 1993.

ATKINS, P. J.; LUMMEL, P.; ODDY, D. J. (Orgs.). *Food and the City in Europe since 1800*. Aldershot: Ashgate, 2007.

BAGNASCO, A. *Tre Italie: La problematica territoriale dello sviluppo italiano*. Bolonha: il Mulino, 1977.

BARBERIS, C. *Lardo di Colonnata: La via bianca del gusto tra i marmi di Carrara*. Milão: Federico Motta, 2003.

BARCA, F. (Org.). *Storia del capitalismo italiano dal dopoguerra a oggi*. Roma: Donzelli, 1997.

BARGELLI, C. "Da male necessario a spina dorsale dell'economia: L'allevamento bovino nel Parmense tra Otto e Novecento". *Studi Storici Luigi Simeoni*, v. LVIII, pp. 223-42, 2008.

BAUMAN, Z. *La società dell'incertezza*. Bolonha: Il Mulino, 1999.

BECATTINI, G. (Org.). *Mercato e forze locali: Il distretto industriale*. Bolonha: Il Mulino, 1987.

BERRINO, A. *Storia del turismo in Italia*. Bolonha: Il Mulino, 2011.

BERTA, G. *L'Italia delle fabbriche: La parabola dell'industrialismo nel Novecento*. Bolonha: Il Mulino, 2001.

BERTI, A. *La cucina dei Gonzaga*. Milão: Franco Angeli, 1971.

BEVILACQUA, P. *Felicità d'Italia*. Roma-Bari: Laterza, 2017.

BIANCHI, A. *La Spezia e Lunigiana: Società e politica dal 1861 al 1945*. Milão: Franco Angeli, 1999.

BIANCO, M. *L'industria italiana*. Bolonha: Il Mulino, 2003.

BLOCH, M. *Apologia della storia*. Turim: Einaudi, 1950.

BLOOM, P. *La scienza del piacere*. Milão: Il Saggiatore, 2010.

BOCCACCIO, G. *Decamerone*. Milão: Tumminelli, 1951.

BONARDI, B. "Secondo la Commissione europea il pomodoro San Marzano si può coltivare ovunque!". Disponível em: <www.ilfattoalimentare.it>. Acesso em: 17 fev. 2024.

BONI, A. *Il talismano della felicità*. Roma: Colombo, 1929.

BONIFATI, G. *Dal libro manoscritto al libro stampato*. Turim: Rosenberg & Sellier, 2008.

BONIFAZI, C. *L'Italia delle migrazioni*. Bolonha: Il Mulino, 2013.

BORRONI, R.; SCOPPOLA, M.; SORRENTINO, A. *Le quote latte in Italia*. Milão: Franco Angeli, 2001.

BRAUDEL, F. *Capitalismo e civiltà materiale*. Turim: Einaudi, 1977.

____. *La dinamica del capitalismo*. Bolonha: Il Mulino, 1988.

____. *Civiltà e imperi del Mediterraneo nell'età di Filippo II*. Turim: Einaudi, 2010.

BRERA, G.; VERONELLI, L. *La Pacciada: Mangiarebere in Pianura Padana*. Milão: Mondadori, 1973.

BRUNI, L.; PORTA, P. L. (Orgs.). *Felicità ed economia*. Milão: Guerini e Associati, 2004.

BUONASSISI, V. *La cucina di Falstaff*. Milão: Milano Nuova, 1964.
BURGESS, A.; HASKELL, F. *The Age of the Grand Tour*. Londres: Elek, 1967.
CAMPORESI, P. *Alimentazione, folclore, società*. Parma: Pratiche, 1980.
____. *Il pane selvaggio*. Milão: Il Saggiatore, 2016.
CANCELLATO, F. "Elena Cattaneo: 'Dai vaccini al cibo biologico, nel rapporto tra l'Italia e la scienza non c'è nulla di normale'". Disponível em: <www.linkiesta.it>. Acesso em: 5 jun. 2023.
CANCILA, O. *Storia dell'industria in Sicilia*. Roma-Bari: Laterza, 1995.
CARNACINA, L.; BUONASSISI, V. *Roma in cucina*. Milão: Martello, 1968.
CARNACINA, L.; VERONELLI, L. *Mangiare e bere all'italiana*. Milão: Garzanti, 1962.
____. *La cucina rustica regionale*. Milão: Rizzoli, 1976.
CASATI, A; SOLDATI, M. *Mostra delle regioni italiane*. Milão: Pizzi, 1961.
CECCARELLI, G.; GRANDI, A. "Il vino Marsala, un prodotto tipico 'a-tipicamente' italiano". *Storia Economica*, v. XIV, n. 2, pp. 187-206, 2011.
CECCARELLI, G.; GRANDI, A.; MAGAGNOLI, S. "The 'Taste' of Typicality". *Food & History*, v. 8, n. 2, pp. 45-76, 2010.
____ (Orgs.). *Typicality in History: Tradition, Innovation and Terroir*. Bruxelas: Peter Lang, 2013.
CIAPETTI, L. *Lo sviluppo locale*. Bolonha: Il Mulino, 2010.
CIPOLLA, C. M. *Storia economica dell'Europa pre-industriale*. Bolonha: Il Mulino, 1974.
CONTI, P. C. *La leggenda del buon cibo italiano*. Roma: Fazi, 2008.
CRAINZ, G. *Il Paese mancato*. Roma: Donzelli, 2003.
CREPAX, N. *Storia dell'industria in Italia*. Bolonha: Il Mulino, 2002.
CURRY, A. "Foods Born of Heartache". *U.S. News & World Report*, p. 39, 15 ago. 2005.
D'ANGELO, M. *Mercanti inglesi in Sicilia, 1806-1815*. Milão: A. Giuffrè, 1988.
DE BERNARDI, A. *Il mal della rosa: Denutrizione e pellagra nelle campagne italiane tra '800 e '900*. Milão: Franco Angeli, 1984.
DE LUCA, F. *Le nozze di Maria de' Medici con Enrico IV*. Florença: Polistampa, 2006.
DOUGLAS, M. *Food and Social Order: Studies on Food and Festivities in Three American Communities*. Nova York: Russell Sage Foundation, 1984.
FALCÓ, C. *Il grande libro dell'olio d'oliva: Una storia millenaria*. Milão: Mondadori, 2014.
FARINETTI, O. *7 mosse per l'Italia*. Florença: Giunti, 2011.
FATIGUSO, R.; GÁLVEZ, J. *L'olio giusto*. Florença: Giunti, 2015.
FEBVRE, L. *L'Europa: Storia di una civiltà*. Milão: Feltrinelli, 1999.
FICACCI, L. (Org.). *Carrara: Michelangelo e il marmo*. Milão: Federico Motta, 2008.

FLANDRIN, J. L. *Il gusto e la necessità*. Milão: Il Saggiatore, 1994.
FRANCHI, M. *Il cibo flessibile: Nuovi comportamenti di consumo*. Roma: Carocci, 2009.
FRANCHI, M.; SCHIANCHI, A. *Scegliere nel tempo di Facebook*. Roma: Carocci, 2011.
FRANCIS, A. D. *The Wine Trade*. Londres: Adam & Charles Black, 1972.
FREDIANI, C. *Ragionamento storico su le diverse gite che fece a Carrara Michelangelo Buonarroti*. Massa-Carrara: Deputazione di Storia Patria per le Antiche Provincie Modenesi, 1975.
GABACCIA, D. R. *We Are What We Eat: Ethnic Food and the Making of Americans*. Cambridge: Harvard University Press, 1998.
GATTI DE MARINIS, C. *Il lardo di Colonnata*. Lucca: Pacini Fazzi, 2002.
GIACALONE-MONACO, T. "Il Marsala, caposaldo dell'economia siciliana e nazionale". *Atti dell'Accademia Italiana della vite e del vino*. Florença: Vallecchi, 1952.
GIAGNACOVO, M. *Formaggi in tavola*. Roma: Aracne, 2007.
GIUDICI, P.; GULLO, M.; SOLIERI, L. "Traditional Balsamic Vinegar". In: SOLIERI, L.; GIUDICI, P. (Orgs.). *Vinegars of the World*. Milão: Springer-Verlag Italia, 2009. pp. 157-77.
GOSETTI, A. *Le ricette regionali italiane*. Milão: Solares, 1967.
GRANDI, A. "Managing a Natural Resource: The Mantova Fish Market in Modern Times". *Food & History*, n. 2, pp. 268-93, 2008.
____. "From Global to Local: Technological Development and Evolution of the Ice Market". *World History Bulletin*, v. XXIV, n. 2, pp. 19-22, 2008.
____. *Per conservar lo pesce di Vostra Altezza Serenissima*. Mântua: Universitas Studiorum, 2015.
GRANDI, A.; MAGAGNOLI, S. "Contrefaçon ou démocratisation du luxe? Les avatars du Vinaigre balsamique de Modène". In: SOUGY, N. (Org.). *Luxes et internationalisation (XVIe-XIXe siècles)*. Neuchâtel: Éditions Alphil, 2013. pp. 231-47.
GRIMAL, P. *La civiltà dell'antica Roma*. Roma: Newton Compton, 2004.
GUARNASCHELLI GOTTI, M. *Grande enciclopedia illustrata della gastronomia*. Milão: Mondadori, 2007.
GUENZI, A. *Pane e fornai a Bologna in età moderna*. Veneza: Marsilio, 1982.
____. "Building Brand Awareness with a Bowl of Cherries". *Journal of Historical Research in Marketing*, v. VII, n. 1, pp. 113-32, 2015.
HANCOCK, D. "Commerce and Conversation in the Eighteenth-Century Atlantic: The Invention of Madeira Wine". *Journal of Interdisciplinary History*, v. XXIX, n. 2, 1998.
____. *Oceans of Wine: Madeira and the Emergence of American Trade and Taste*. New Haven-Londres: Yale University Press, 2009.

HARRIS, M. *Buono da mangiare: Enigmi del gusto e consuetudini alimentari*. Turim: Einaudi, 1990.

HOCQUET, J.-C. *Il sale e il potere: Dall'anno mille alla rivoluzione francese*. Gênova: ECIG, 1990.

HUPPERT, G. *Storia sociale dell'Europa nella prima età moderna*. Bolonha: Il Mulino, 1990.

INSOR. *Atlante dei prodotti tipici: I salumi*. Milão: Franco Angeli, 1989.

____. *Atlante dei prodotti tipici: I formaggi*. Milão: Franco Angeli, 1990.

ISNENGHI, M. *Breve storia d'Italia ad uso dei perplessi (e non)*. Roma-Bari: Laterza, 2012.

JORI, A. *La cultura alimentare e l'arte gastronomica dei romani*. Mântua: Arcari, 2016.

LE GOFF, J. *Il Medioevo*. Roma-Bari: Laterza, 1996.

LENTINI, R. "I Florio e la produzione del vino 'Marsala'". *Nuovi Quaderni del Meridione*, n. 57, 1977.

LEVI, C. *Cristo si è fermato a Eboli*. Turim: Einaudi, 1945.

LIVI BACCI, M. *In cammino: Breve storia delle migrazioni*. Bolonha: Il Mulino, 2010.

LOMBROSO, C. *Trattato profilattico e clinico della pellagra*. Turim: Fratelli Bocca, 1892.

LOPANE, I.; RITROVATO, E. (Orgs.). *Tra vecchi e nuovi equilibri: Domanda e offerta di servizi in Italia in età moderna e contemporanea*. Bari: Cacucci, 2007.

LUCAS-DUBRETON, J. *La vita quotidiana a Firenze ai tempi dei Medici*. Milão: Rizzoli, 1985.

MAGAGNOLI, S.; VERATTI, S. *Il mito della memoria*. Modena: Edizioni Artestampa, 2017.

MARCHESI, G. *La cucina regionale italiana*. Milão: Mondadori, 1989.

METZ, V. *La cucina del Belli*. Milão: SugarCo, 1984.

MINTZ, S. W. *Storia dello zucchero tra politica e cultura*. Turim: Einaudi, 1990.

MOCARELLI, L. (Org.). *Quando manca il pane*. Bolonha: Il Mulino, 2013.

MONTANARI, M. *Gusti del Medioevo: I prodotti, la cucina, la tavola*. Roma-Bari: Laterza, 2014.

____. *I racconti della tavola*. Roma-Bari: Laterza, 2014.

MONTANARI, M.; SABBAN, F. *Atlante dell'alimentazione e della gastronomia*. Turim: UTET, 2004.

MUMFORD, L. *La città nella storia*. Milão: Etas Kompass, 1967.

NADA PERRONE, A. M. *Il cibo del ricco ed il cibo del povero*. Turim: Centro Studi Piemontesi, 1981.

NASO, I. *Formaggi del Medioevo: La "Summa lacticiniorum" di Pantaleone da Confienza*. Turim: Il Segnalibro, 1990.

NEU, I. D. "An English Businessman in Sicily, 1806-1861". *Business History Review*, v. XXXI, n. 4, pp. 355-74, 1957.

PARZIALE, L. *Nutrire la città*. Milão: Franco Angeli, 2009.
PASOLINI, P. P. "Il vuoto del potere". *Corriere della Sera*, 1 fev. 1975.
PELLEGRINI, M. *Le guerre d'Italia 1494-1530*. Bolonha: Il Mulino, 2009.
PERRI, F. *Emigranti*. Milão: Mondadori, 1928.
PETRINI, C. *Slow Food: Le ragioni del gusto*. Roma-Bari: Laterza, 2001.
POLLARINI, A. (Org.). *La cucina bricconcella 1891-1991*. Casalecchio di Reno: Grafis Edizioni, 1991.
POSTAN, M. M.; MATHIAS, P. (Orgs.). *Commercio e industria nel Medioevo*. Turim: Einaudi, 1982.
PRETELLI, M. *L'emigrazione italiana negli Stati Uniti*. Bolonha: Il Mulino, 2011.
RIZZO, F. *La fabbricazione del vino Marsala e dei suoi vari tipi*. Palermo: Pezzino, 1948.
ROSOLI, G. (Org.). *Un secolo di emigrazione italiana: 1876-1976*. Roma: Centro Studi Emigrazione, 1978.
SADA, L.; VALENTE, V. (Orgs.). *Liber de coquina: Libro della cucina del XIII secolo*. Bari: Puglia Grafica Sud, 1995.
SALVI, S. *Piante e clima: Il "ritorno al futuro" di Nazareno Strampelli*. Disponível em: <www.stradeonline.it>. Acesso em: 16 maio 2023.
SAPIO BARTELLETTI, N. *La cucina siciliana nobile e popolare*. Milão: Franco Angeli, 1980.
SCAPPI, B. *Opera*. Sala Bolognese: Forni Editore, 1981.
SCARPELLINI, E. *A tavola! Gli italiani in 7 pranzi*. Roma-Bari: Laterza, 2012.
SCHLÖGEL, K. *Leggere il tempo nello spazio*. Milão: Bruno Mondadori, 2009.
SECCHIARI, P. *Un alimento della tradizione carrarese: Il lardo di Colonnata*. Pontedera: Bandecchi & Vivaldi, 2013.
SEGRÈ, A. *Politiche per lo sviluppo agricolo e la sicurezza alimentare*. Roma: Carocci, 2008.
STEFANI, B. *L'arte di ben cucinare*. Sala Bolognese: Forni Editore, 1983.
TETI, V. "La cucina calabrese è un'invenzione americana?". *I Viaggi di Erodoto*, n. 14, pp. 58-73, 1991.
TRUBEK, A. B. *The Taste of Place: A Cultural Journey into Terroir*. Berkeley- Los Angeles: University of California Press, 2008.
UTTERBACK, J. M. *Padroneggiare le dinamiche dell'innovazione industriale*. Milão: Franco Angeli, 2003.
WEIGHTMAN, G. *The Frozen Water Trade*. Londres: HarperCollins, 2003.

Denominazione di origine inventata: Le bugie del marketing sui prodotti tipici italiani © Mondadori Libri S.p.A., Milão, 2018

Todos os direitos desta edição reservados à Todavia.

Grafia atualizada segundo o Acordo Ortográfico da Língua Portuguesa de 1990, que entrou em vigor no Brasil em 2009.

capa
Violaine Cadinot
ilustrações de capa
Jackie Hatys
composição
Jussara Fino
preparação
Leny Cordeiro
revisão
Raquel Silveira
Jane Pessoa

Dados internacionais de Catalogação na Publicação (CIP)

Grandi, Alberto (1967-)
 As mentiras da nonna : Como o marketing inventou a cozinha italiana / Alberto Grandi ; tradução Alessandra Siedschlag. — 1. ed. — São Paulo : Todavia, 2024.

Título original: Denominazione di origine inventata
ISBN 978-65-5692-684-1

1. Culinária cultura. 2. Cozinha Itália. 3. Tradição. 4. Itália – história. I. Siedschlag, Alessandra. II. Título.

CDD 854

Índice para catálogo sistemático:
1. Ensaio italiano 854

Bruna Heller — Bibliotecária — CRB-10/2348

todavia
Rua Luís Anhaia, 44
05433.020 São Paulo SP
T. 55 11 3094 0500
www.todavialivros.com.br

fonte
Register*
papel
Pólen natural 80 g/m²
impressão
Geográfica